Lieblingsplätze

BLÜHENDES ERFURT UND THÜRINGEN

GMEINER

LEA TESCHAUER / DANIEL SEILER

Autor und Verlag haben alle Informationen geprüft. Gleichwohl wissen wir, dass sich Gegebenheiten im Verlauf der Zeit ändern, daher erfolgen alle Angaben ohne Gewähr. Sollten Sie Feedback haben, bitte schreiben Sie uns! Über Ihre Rückmeldung zum Buch freuen sich Autor und Verlag: lieblingsplaetze@gmeiner-verlag.de

Bildverzeichnis: Lea Teschauer 12, 20, 38, 40, 44, 62, 66, 70, 72, 74, 76, 78, 80, 82, 84, 86, 88, 90, 92, 94, 98, 100, 102, 104, 106, 112, 124, 126, 130, 132, 134, 136, 138, 140, 142, 144, 150, 152, 162, 164, 182, 184, 186, 188; Daniel Seiler 14, 16, 18, 22, 24, 26, 28, 30, 34, 36, 42, 46, 48, 50, 54, 56, 58, 60, 64, 82, 108, 110, 114, 116, 118, 120, 122, 128, 146, 148, 154, 156, 158, 166, 168, 170, 172, 174, 180; Axel Knoch 32; Visualisierungen Henchion Reuter Architekten/stories within architectures 52; egapark_KLP Kummer. Lubk.Partner 68; geskes.hack Landschaftsarchitekten GmbH 96; Stadtverwaltung Apolda 160; Greifenwarte »Falknerei am Rennsteig« 176; Wartburg-Stiftung Eisenach 178; Heiko Kolbe 190

Besuchen Sie uns im Internet:
www.gmeiner-verlag.de

QR-Code einscannen und kostenloses E-Book anfordern.

1. Auflage 2021
© 2021 – Gmeiner-Verlag GmbH
Im Ehnried 5, 88605 Meßkirch
Telefon 07575/2095-0
info@gmeiner-verlag.de
Alle Rechte vorbehalten

Lektorat/Redaktion: Anja Kästle
Herstellung: Julia Franze
Bildbearbeitung/Umschlaggestaltung: Susanne Lutz
unter Verwendung der Illustrationen von © SimpLine – stock.adobe.com, © Susanne Lutz, © pixelliebe – stock.adobe.com, © Siennava – stock.adobe.com, © Wiktoria Matynia – stock.adobe.com, © Vlad Klok – stock.adobe.com, © Sylwia Nowik – stock.adobe.com
Kartendesign: © Maps4News.com/HERE
Druck: AZ Druck und Datentechnik GmbH, Kempten
Printed in Germany
ISBN 978-3-8392-2837-1

WILLKOMMEN IN DER BLUMENSTADT
Eine Liebeserklärung

Laue Sommerluft, Sonnenstrahlen bahnen sich ihren Weg durch die Blätterkronen, bunte Blüten strahlen um die Wette – diese Momente können Sie in der Blumenstadt Erfurt und in ganz Thüringen erleben, egal ob im Stadtpark, auf dem Wochenmarkt oder in den grünen Lungen rund um die Landeshauptstadt.

Die Geschichte des grünen und farbenfrohen Erfurts ist lang. Eine Zeitreise: Erfurter Domplatz, 1990. Der damalige Bundeskanzler der Bundesrepublik Deutschland, Helmut Kohl, ist im Wahlkampf nach Thüringen gekommen und verspricht auf den Domstufen stehend blühende Landschaften für die neuen Bundesländer. Ob sich die ökonomische Metapher erfüllt hat, das mag jeder selbst beantworten, was aber bleibt, ist die wörtliche Bedeutung: Erfurt ist eine blühende Landschaft geworden. So findet man in der Stadt noch kaum eine Ecke, die nicht begrünt daherkommt oder durch ihre Farbenpracht überzeugt. Herrliche Parks oder grüne Plätze, wie der Hirschgarten und der Benaryplatz, laden zum Spazierengehen, Erholen und Entspannen ein.

Neben dem Mariendom und der Krämerbrücke ziehen der *egapark*, die Zitadelle Petersberg oder auch der Thüringer Zoopark jedes Jahr Tausende von Besuchern nach Erfurt. Mit der Bundesgartenschau 2021 wird die Erfurter Gartenbautradition, die bis weit ins 19. Jahrhundert zurückreicht, erfolgreich weitergeschrieben. Ob Saat- oder Kakteenzucht, ob Kleingärtner oder Brunnenkressebauer – die Erfurter lieben Natur, Blumen und Pflanzen und tragen sorgsam zum Erhalt und zur stetigen Weiterentwicklung der Gartenbautradition bei. Viele von ihnen haben ihre Passion zum Beruf gemacht: So prägen Namen wie Haage, Benary, Reichart, Chrestensen und das Vermächtnis von vielen anderen das Bild und die Straßennamen unserer geliebten Blumenstadt. Ob Waid oder Puffbohne; die wirtschaftliche Entwicklung der Stadt hängt seit jeher eng mit Blumen und Pflanzen zusammen. Lernen Sie gemeinsam mit uns ihre Geschichte und ihr Wirken in Erfurt kennen.

Den Beinamen »Blumenstadt« erhielt Erfurt zum einen durch das Werk der genannten wichtigen Gärtner mit Erwerbsgartenbau, Saatgutproduktion und Züchtungen; aber auch dank der zahllosen, bunten Blumenfelder, die durch die Zucht lange standen und blühten. So mussten Besucher wie Einheimische, egal aus welcher Richtung sie in die Stadt gelangen wollten, erst scheinbar endlose Blütenmeere durchqueren.

In den 60er-Jahren feierte man in Erfurt schon einmal groß das Grüne und Blühende. Im April 1961 wurde die iga, die erste »Internationale Gartenbauausstellung der sozialistischen Länder« eröffnet. Aussteller der DDR und Partnerländer zeigten Gemüse, Obst und Zierpflanzen. In den Folgejahren wurde das Gelände um Fläche, Ausstellungs- und Gewächshäuser stetig erweitert und verändert. 1989 wurde die iga geschlossen, 1991 öffnete die Erfurter Gartenbauausstellung (ega) ihre Pforten und hat sich im Laufe der Jahre stets weiterentwickelt.

Auch rund um Erfurt bietet der Freistaat vielfältige Naturerlebnisräume, die wir in diesem Reise- und Naturführer für Sie zusammengestellt haben. Vom Hainich als Weltnaturerbe über Burgen und Schlösser im ganzen Land, bis hin zum Rennsteig und dem Thüringer Wald im Süden: Es laden erholsame und faszinierende, grüne und blühende Orte in Thüringen dazu ein, die Umgebung mal von einer ganz anderen Seite zu entdecken und sich bewusst den grünen Oasen im Erfurter Umland und im ganzen Bundesland zuzuwenden. Besuchen Sie unsere Lieblingsplätze in Erfurt, Weimar, Jena, Eisenach, Gotha oder auch Bad Langensalza. Sie werden überrascht sein, wie vielfältig ein Tages- oder Wochenendausflug sein kann.

Dass es neben diesen bekannten Orten auch noch einige versteckte Perlen inmitten unserer Heimatstadt gibt, ist selbst uns als langjährigen Stadtbewohnern bei der Recherche für dieses Buch immer wieder aufgefallen. Erfurt gibt sowohl Touristen als auch Einheimischen immer wieder die Chance, seine Facetten neu kennenzulernen – diesmal sind es die blühenden.

Sind Ihnen auch noch besondere, blühende Lieblingsplätze in der Stadt aufgefallen? Unsere Erkundungstouren durch die Stadt haben wir unter dem Hashtag #BluehendesErfurt dokumentiert. Besuchen Sie uns auf Instagram unter @bluehendes.erfurt und teilen Sie gerne mit uns Ihren liebsten grünen Erfurter Ort. Wir freuen uns auf Ihr ganz persönliches blühendes Erfurt!

1

Wochenmarkt
Domplatz
99084 Erfurt

Café Hilgenfeld
Domplatz 4
99084 Erfurt
0361 26569846

VON APFEL BIS ZUCCHINI
Wochenmarkt auf dem Erfurter Domplatz

Im Schatten des St. Mariendoms und der Severikirche lässt sich das Gartenjahr an der saisonalen und regionalen Ware der Markthändler mitverfolgen. Auf dem Domplatz wird von Montag bis Samstag frisches Gemüse und Obst angeboten, die Bottiche voller Blumensträuße und Schnittblumen bilden eine farbenfrohe Umrandung der Stände.

Planen Sie für das Wochenende einen Einkauf auf dem Markt, sollten Sie schon morgens das Herz der Erfurter Altstadt besuchen. Gerade am Samstag wird es am frühen Vormittag voller, wenn die Einwohner und Touristen ihre Besorgungen erledigen wollen. Am beliebtesten Markttag der Woche ist auch die Vielfalt der Händler am größten: Zum Beispiel gibt es einen Stand mit einer reichen Auswahl an Antipasti oder einen Käsewagen mit Produkten aus der Schweiz. Die Verkäufer lieben diesen Platz und stehen ihren Kunden immer mit Tipps und Antworten auf allerlei Fragen zur Seite: Wie bereite ich dieses Gemüse zu? Was ist das für eine Obstsorte? Und: Wo kommt es her? Auch mit den anderen Käufern kommt man schnell ins Gespräch und lässt sich von ihren bepackten Körben inspirieren.

Der Marktbesuch ist ein schönes und sinnliches Ritual. Einfach zwischen den Ständen umherschlendern, die leuchtenden Blumen bestaunen und Neues entdecken: lilafarbenen Blumenkohl und seltene Kräuter oder auch regionale Besonderheiten wie die leckere Brunnenkresse. Die vielen Farben und das quirlige Treiben machen sofort Lust, etwas Frisches mitzunehmen – versprochen!

Wer noch nicht genug von Schnitt- und Gartenblumen hat, der sollte sich den Mai notieren. An einem Wochenende im Frühling findet jedes Jahr der Erfurter Blumen- und Gartenmarkt statt. Ein Pflichttermin für zahlreiche Pflanzenanbieter aus dem Umland, die ihre Ware präsentieren. Perfekt, um gut gerüstet in die neue Gartensaison zu starten.

Nach »getaner Arbeit« lockt das Café Hilgenfeld am Domplatz mit einem guten Kaffee oder Espresso. Von hier aus können Sie ganz in Ruhe das Markttreiben beobachten.

2

Vom Domplatz kommend
Richtung Schloss Molsdorf
führen schattige Radwege
entlang der Gera und la-
den zum Verschnaufen ein

Gera-Radweg
Startpunkt für beide
Richtungen: Domplatz
99084 Erfurt
www.gera-radweg.de

Landbäckerei Thieme
Neuwerkstraße 25
99084 Erfurt
0361 78925325
www.baeckerei-thieme.de

AUF DEM DRAHTESEL UNTERWEGS

Gera-Radweg ab Erfurter Domplatz

Sportlich muss sein, wer die 75 Kilometer lange Radtour vom Rand des Thüringer Waldes bis ins nördlich von Erfurt gelegene Gebesee schaffen möchte. Vom Rennsteig aus erleben Fahrradfahrer eine abwechslungsreiche Strecke und sehen unterwegs mit Arnstadt und Erfurt die ältesten Städte Thüringens. Steter Begleiter ist die Gera, an deren Seiten sich über weite Teile der Radweg schlängelt.

Die Bachstadt Arnstadt bietet mit der langen Bach-Familientradition einen guten Ort, um sich mit Leben und Wirken des Komponisten auseinanderzusetzen. Unbedingt besichtigt werden sollte die Bachkirche, in der Johann Sebastian Bach seine erste Organistenstelle antrat. Der Gera-Radweg führt weiter, vorbei an Schloss Molsdorf, Bischleben und Hochheim in den Stadtkern von Erfurt.

Hier angekommen liegen noch rund 21 Kilometer vor den sportlichen Urlaubern – eine ausgiebige Pause sollte dennoch eingelegt werden. Die Stadt bietet ausreichend Möglichkeiten für eine kulinarische und kulturelle Pause. Gewissermaßen am Wegesrand warten alle großen Sehenswürdigkeiten Erfurts auf die Besucher: Dom, Krämerbrücke sowie die historische Altstadt. Zahlreiche Lieblingsplätze befinden sich nur einen kleinen Umweg vom Gera-Radwegs entfernt. Biergärten und Cafés laden zum Verweilen und Ausruhen ein.

Weite Teile der Strecke innerhalb der Stadt verlaufen entlang des Flutgrabens, jenem Hochwasserschutz, der seit dem 19. Jahrhundert Erfurt vor innerstädtischen Überschwemmungen bewahrt. Stadtauswärts passieren die Radler den Nordpark und die frisch für die BUGA renaturierte Gera-Aue, die beide durch ihre vielen Grünflächen, Bänke und Parkwege zu weiteren Pausen einladen. Endstation ist schließlich das historische Barockschloss in Gebesee.

Mit guten Backwaren können sich fleißige Radfahrer in der Bäckerei Thieme in der Neuwerkstraße eindecken. Hier wird Backtradition noch großgeschrieben.

8

Stiftsgasse
zwischen Mariendom und
Hermannsplatz
99084 Erfurt

Brothaus Café Nahrstedt
Domstraße 1
99084 Erfurt
0361 64458854
www.nahrstedt.de

WO DIE GEISTLICHEN SPAZIERTEN
Stiftsgasse

Unauffällig versteckt sich der Eingang zur Stiftsgasse sowohl am Hermannsplatz als auch in der Domstraße und doch bildet sie eine zentrale Verbindung im Erfurter Wegenetz. Wer aus der Brühlervorstadt Richtung Domplatz möchte, wählt diesen schmalen Weg hin zur Rückseite des Doms. Zwischen alten Mauern, die die Wirtschafts- und Übernachtungshäuser des Domkapitels vor neugierigen Blicken schützen, liegt der enge Fußweg. Die benachbarten Wohnhäuser der Geistlichen verliehen ihm bis 1850 seinen ursprünglichen Namen Pfaffengasse.

Umgeben von den bewachsenen, mittelalterlich anmutenden Mauern ist es beschaulich ruhig – man glaubt kaum, dass man mitten im Stadtzentrum ist. Die einzigen Geräusche, die man als Spaziergänger wahrnimmt, sind das gelegentliche Klingeln eines Radfahrers und das Plätschern des Bergstroms, der sanft dahinfließend den Weg kreuzt.

Was den schmalen Durchgang zum Dom besonders macht, ist das Engagement der Anwohner, mit Nadel und Wolle immer wieder neue Kunstwerke zu erschaffen. Bunt bestrickt werden die Masten von Laternen und Verkehrsschildern, aber auch Regenrinnen und Brückengeländer. »Urban Knitting« wäre für dieses Hobby wohl der trendige Name in Großstädten und die Kreationen hätten eigene Instagram-Kanäle; in der Thüringer Landeshauptstadt muss das anerkennende Nicken mit dem Anflug eines Lächelns im Gesicht vieler Erfurter reichen. Nicht gemeckert ist genug gelobt …

Vom Hermannsplatz Richtung Domplatz laufend, lohnt es sich auf jeden Fall, den Kopf zu heben. Der Blick auf den Erfurter Mariendom ist von dieser Seite erfrischend anders – und wunderschön zugleich. Voll Demut vor dem imposanten Bau versteht man sehr wohl, warum Priester, Nonnen und Mönche in dieser Nachbarschaft ihre Gärten gepflegt und sich zum Gebet versammelt haben.

Für den kleinen Snack in der Stiftsgasse oder am Hermannsplatz eignet sich das Brothaus Café Nahrstedt. Im kolossalen Neubau am Dom ist vor allem der Kuchen sehr lecker.

4

Theaterplatz
Treppen zum Bach auf
der rechten Seite des
Theaters Erfurt
99084 Erfurt
www.theater-erfurt.de

**Buchhandlung kleinge-
drucktes**
Mainzerhofplatz 2
99084 Erfurt
0361 55062400
www.buchhandlung-
kleingedrucktes.de

KULTUR HAUTNAH ERLEBEN
Theaterplatz

Große Opern auf der Bühne und kleine Kinder, in Badehosen durch die Wasserfontänen vor dem Haus hüpfend, das ist Alltag am Theater Erfurt. Zugegeben, nicht der grünste Ort der Stadt. Aber nur wenige Schritte weiter erwächst im Sommer ein wahres Paradies, das von vielen Einwohnern kaum geschätzt und genutzt wird. Neben dem kolossalen Klotz, den das Theatergebäude bildet, schlängelt sich ein Seitenarm der Gera durch die Stadt. Zum sachte fließenden Bach führen tiefe Stufen, die gerade im Sommer zum Sonnenbaden und Entspannen einladen.

Eine große Trauerweide spendet Schatten. Mit etwas Glück kann man den Proben der Opernsänger lauschen oder einen Blick in die Werkstatt des Theaters erhaschen. Was wohl demnächst im großen Haus oder im Sommer auf den Domstufen gespielt wird? An diesem Ort lassen sich ganz in Ruhe die Füße kühlen und die Gedanken und Blicke schweifen. Hinter den Glasfassaden des Brühler Kongresszentrums grüßen die Domspitzen und der Petersberg wartet bedächtig darauf, nach der Pause an dieser grünen Oase erobert zu werden.

Für Hobbyfotografen bietet das Quartier rund um den Theaterplatz eine spannende Mischung aus moderner und historischer Architektur, Natur und Erfurter Sehenswürdigkeiten. Vor dieser Kulisse wird man mit etwas Glück Zuschauer eines Fotoshootings.

Ist der Theaterplatz weite Teile des Jahres ungenutzt, erwacht er im Sommer regelmäßig zum Leben: Ob beim *Dinner en blanc*, bei dem alle Teilnehmer nur in weißer Kleidung erscheinen dürfen, oder beim Saison-Abschlusskonzert des Theaters, das kostenlos auf der Freifläche übertragen wird – hier findet Kultur unter freiem Himmel statt. Mit der *Zentralheize* möchte ab 2021 auch eine neue kulturelle Einrichtung diesen Platz weiter beleben. Solange lassen wir weiter entspannt die Füße und die Seele baumeln.

Die kleine, aber gut sortierte *Buchhandlung kleingedrucktes* liegt am anderen Ende des Theaterplatzes. Einfach mal stöbern und dabei eine Tasse Kaffee genießen!

5

Kirschbäume
Maximilian-Welsch-Straße/
Ecke Bonemilchstraße
99084 Erfurt

Informationen:
**Erfurt Tourismus und
Marketing GmbH**
Benediktsplatz 1
99084 Erfurt
0361 66400
www.erfurt-tourismus.de

BLÜHENDE ZUCKERWATTE
Kirschbäume in der Maximilian-Welsch-Straße

Zu Beginn jedes Frühjahrs rumort es kurz in den sozialen Netzwerken: Ist es schon so weit? Hat schon jemand aus Erfurt ein Bild gepostet von oder mit ihnen? Blühen sie schon oder soll man lieber noch etwas warten? Die Aufregung gilt der Kirschblüte in der Maximilian-Welsch-Straße, einem ganz bestimmten Ort der Stadt. Was am Anfang ein Geheimtipp für Hobbyfotografen und staunende Betrachter gewesen ist, entwickelte sich mit der Zeit zu einem zuverlässigen Fotohintergrund in der Brühlervorstadt, zu dem gepilgert wird. Hier gilt es, zur richtigen Zeit am richtigen Ort zu sein. Die Zierkirschen befinden sich auf einer kleinen Rasenfläche am Ende der Maximilian-Welsch-Straße, bevor sie einen Knick macht und in die Bonemilchstraße mündet.

Will man die Blütenpracht in Ruhe auf sich wirken lassen oder ein paar Bilder schießen, auf denen kein anderer Mensch zu sehen ist, empfiehlt es sich, die Bäume unter der Woche am Vormittag oder am Wochenende morgens aufzusuchen. Je später man vor Ort ist, desto mehr summt und brummt es zwischen den romantisch hin und wieder bis zum Boden herabhängenden Ästen. Nicht nur kleine Bienen und andere Insekten schwärmen um das Blütenmeer: So suchen etwa frisch verliebte Pärchen mit einer Selfiestange den besten Winkel für ein perfektes Bild oder es finden sogar Fotoshootings mit Familien, Neugeborenen und flauschigen Fellfreunden statt. Andere erfreuen sich wiederum an dem Moment, wandern zwischen den Bäumen umher oder genießen den Anblick auf einer Bank in Reichweite.

Obacht! Wie eingangs beschrieben, sollte man auch die Jahreszeit und Wetterlage im Blick haben: Der April scheint ein verlässlicher Monat zu sein, um Freude an der Blüte zu haben, allerdings kann der Blütenstand auch variieren, je nachdem wie sich das Frühjahr entwickelt hat.

Der rosafarbene Blütenrausch lässt sich am besten mit einem Spaziergang durch die Brühlervorstadt verbinden. In der Nähe können Sie andere Lieblingsorte entdecken, wie die Trauerweide am Theater und den Brühler Garten.

6

Brühler Garten
Eingang von der Straßen-
bahnhaltestelle (Linie 2)
»Brühler Garten« an der
Melanchthonstraße
99084 Erfurt

tegut
Gorkistraße 11
99084 Erfurt
www.tegut.com

VOM FRIEDHOF ZUM ERHOLUNGSPARK

Brühler Garten

Was in Erfurts langer Geschichte ein, nein, zwei Mal eine Ruhestätte für die Toten war, ist heute ein unprätentiös gestalteter Park, der bei Schülern wie Senioren als Rückzugsort in der Brühlervorstadt geschätzt wird. Sowohl im 16. als auch im 19. Jahrhundert wurde die Grünfläche als Begräbnisstätte genutzt und erst 1925 zum Park umgestaltet. In seiner jetzigen Form besteht der Park, trotz leichten Veränderungen in den frühen 2000ern, seit den 60er-Jahren in Form eines Kulturgartens.

In Teilen der Anlage kann man vormittags die Schüler des benachbarten Königin-Luise-Gymnasiums beim Sport beobachten, bevor sich am Nachmittag und Abend Fitness-Süchtige an den Gebäuden und Gängen sportlich ertüchtigen und Senioren sich zum Plaudern treffen. Die weiten, grünen Flächen laden zum Picknicken und Sonnenbaden ein. Wer es eher kühler mag, sichert sich eine der Sitzbänke unter den Linden der breiten Allee, liest ein Buch oder hört Musik.

Im Sommer tummeln sich Boulespieler auf den Sandwegen und in den Bäumen klettern Kinder. Hin und wieder schallt Lachen von dem großen Kinderspielplatz am Parkeingang durch den Brühler Garten. Gerade junge Familien des Quartiers besuchen die Spielgelegenheiten gerne und nutzen den Park als Treffpunkt mit anderen Eltern.

Statt Graffiti-Schmierereien schmücken Werke von jungen Künstlerinnen und Künstlern weite Teile der Parkmauern. Street-Art mit Erfurter Lokalkolorit trifft hier auf das satte Grün der Anlage. Apropos Kultur: Insbesondere im Sommer locken verschiedene Veranstaltungen nicht nur Anwohner in den Brühler Garten. Ob *Fête de la Musique* oder *koCOLORes* – fast immer steht hier Musik im Mittelpunkt, die dann auch in den angrenzenden Straßen und Gassen der Brühlervorstadt zu hören ist.

Im *tegut* an der Westseite des Parks können Sie sich mit Snacks und Getränken für das Picknick im Grünen versorgen. Liebevoll in alter DDR-Manier heißt der Markt bei den Erfurtern »Kaufhalle«.

1

Fischersand
Startpunkt für einen
Spaziergang: Altstadtcafé
Kleiner Elephant
Fischersand 1
99084 Erfurt
0361 5626473
www.erfurt-altstadtcafe.de

PUPPENSTUBEN UND KRUMME HECHTE

Spaziergang durch den Fischersand zum Hermannsplatz

Wer durch den Fischersand gemütlich zum Hermannsplatz streift, begibt sich auf eine Zeitreise. Alte und farbenfrohe Gebäude, teilweise über 600 Jahre alt, reihen sich dicht aneinander und erzählen stumm von ihrer Geschichte. Da ist die Glaserei, die an dieser Stelle seit über 150 Jahren Erfurter Bürgern bei allen Glasschäden behilflich ist. Wohngebäude, die nicht mit Nummern, sondern mit Schildern wie Haus zum krummen Hecht aufwarten, zeugen von der Vergangenheit, als es in Erfurt weder Straßennamen noch Hausnummern gab.

Verschönert und begrünt wird dieser Spaziergang durch Rosenbeete und Blumenkästen, die oft breiter als der Gehweg sind. Trotz Verkehrsberuhigung geht es hier eng zu; selbst auf dem Bürgersteig rückt man nah zusammen, wenn ein Fußgänger entgegenkommt. In Kindheitserinnerungen schwelgen Besucher des sorgsam kuratierten und ein wenig versteckten Puppenstubenmuseums. In der Ausstellung lassen sich Schätze von früher bewundern und bei einem netten Plausch mit dem Personal können Interessierte noch mehr erfahren.

Kurz vor dem Hermannsplatz, an dem der Fischersand sein Ende findet, eröffnet sich ein weiteres grünes Ufer der Gera. Eine wunderbare Gelegenheit, um Enten zu füttern, Füße zu kühlen oder im Schatten der Bäume das Leben zu genießen. Studenten der nahe gelegenen katholischen Studentenvereinigung sitzen im Gras und diskutieren, Eltern zeigen ihren Sprösslingen Fische im Wasser und der Nachwuchs übt vor den Toren des angrenzenden Kindergartens die ersten Fahrten mit dem Fahrrad.

Am Hermannsplatz angekommen blickt, wie an so vielen Stellen der Stadt, der Dom auf die neugierigen Betrachter herab. An warmen Tagen ist das kühle Wasser des Brunnens im gepflegten Blumenrondell eine Wohltat für die Hände und schenkt neue Energie, um Erfurt weiter zu erkunden.

Kaffee und Kuchen wie früher bei Oma gibt es im Altstadtcafé Kleiner Elephant am Beginn des Fischersandes. Nette Bedienungen und eine schöne Terrasse am Fluss laden zu einer leckeren Stärkung ein.

8

Hirschgarten
gegenüber der Thüringer
Staatskanzlei
Regierungsstraße 73
99084 Erfurt

Café Bauer
»Am Hirschgarten«
Regierungsstraße 4
99084 Erfurt
0361 6430362
www.cafe-bauer-erfurt.de

FAST DEN HIMMEL BERÜHREN
Hirschgarten

Zwischen dem faszinierenden Bau der Thüringer Staatskanzlei mit seiner markanten rot-weißen Fassade und dem ehemaligen Kaufhaus Germania, dessen Schmuckfront noch heute imposant den Platz begrenzt, lädt eine leuchtend grüne Wiese zum Picknicken und Entspannen im Hirschgarten ein. Erfurter treffen sich im Schatten am Springbrunnen in der Mittagspause, halten ein Schwätzchen oder sonnenbaden an heißen Sommertagen.

Schon im 18. Jahrhundert wurde der Platz als Grünanlage von den Bürgern geschätzt. In seiner jetzigen Form begrüßt er allerdings erst seit 2009 wieder erholungshungrige Städter. Zwischenzeitlich sollten dort zu DDR-Zeiten ein Haus der Kultur oder später nach der Wende Gewerbeflächen und ein Parkhaus entstehen. Dank protestfreudiger Erfurter wurde schließlich doch die Parkanlage mit dem fast ganzjährig bunt blühenden »Erfurter Beet« im westlichen Hirschgarten, einer Vielzahl an Spielgeräten und der weitläufigen Freifläche vor dem Regierungsgebäude umgesetzt.

Der große Spielplatz mit allerlei Spielgeräten erfreut sich seit der Eröffnung bei Kindern ungebrochener Beliebtheit. Dank angrenzender Cafés und ausreichend Sitzgelegenheiten ist die Anlage aber auch bei Erfurter Vätern und Müttern ein geschätzter Treffpunkt. Und nicht zuletzt reizt der Hirschgarten wagemutige Teenager zu nächtlichen Sporteinlagen, sodass sie sich auf dem Weg zur Kneipe oder Disco allzu gerne auf den im Boden versenkten Trampolinen im Hochsprung beweisen. Wie steht's um Ihre Furchtlosigkeit? Nichts wie rauf und selbst einmal versuchen, mit hohen Sprüngen dem Himmel möglichst nahe zu kommen.

Wer es etwas ruhiger mag, nutzt eine der Parkbänke, schaut Kindern beim Spielen und Jugendlichen beim Skaten zu oder sucht eine der verzierten Häuserfassaden nach noch unentdeckten und spannenden Details ab.

Liebhaber von süßem Gebäck kommen im angrenzenden Café Bauer voll auf ihre Kosten: Das Café bietet im aus der Zeit gefallenen Ambiente Limonaden, Kaffee und Thüringer Backspezialitäten an.

9

Wigbertihof
an der Kirche St. Wigbert
Regierungsstraße 74
99084 Erfurt
www.st-laurentius-erfurt.de

Koko Sushi
Meister-Eckehart-Straße 8
99084 Erfurt
0361 6013049
www.koko-sushi.de

GEHEIMTIPP MITTEN IN ERFURT
Wigbertihof

Unscheinbar zwischen Angerbrunnen und Hirschlachufer steht an der Straßenbahntrasse kurz vor der Thüringer Staatskanzlei etwas nach hinten versetzt die Kirche St. Wigberti. Mit ihrer grauen Fassade ist sie eines der unauffälligsten Gotteshäuser der Thüringer Landeshauptstadt. In der benachbarten Barfüßerstraße versteckt sich hinter einem schmiedeeisernen Tor der Durchgang zum Wigbertihof. Der Innenhof des ehemaligen Augustinerorden-Klosters ist von Gebäuden umgeben und seine Geschichte reicht bis ins 12. Jahrhundert zurück. Trauen Sie sich: Öffnen Sie das Tor und betreten Sie diesen Ort abseits des Trubels.

So wenig bekannt diese grüne Lunge inmitten der Stadt auch ist, so ruhig ist es dort. Nur selten verirren sich Besucher oder Stadtbewohner in diesen zurückhaltend gestalteten, aber dennoch sehenswerten Garten. Warum ihn kaum jemand im Alltag wahrnimmt? Vielleicht liegt es an der Vielzahl an Alternativen, die in der Innenstadt grüne Pausen ermöglichen.

Alte Klostergebäude säumen den Hof, die heute als Räumlichkeiten für den Seniorentreff dienen sowie von der Stadtverwaltung genutzt werden. Besonders attraktiv ist der Blick auf das Kirchenschiff, das neben den weißen und schlichten Fassaden der übrigen Häuser durch die farbenfrohen und mit Ornamenten verzierten Fenster hervorsticht.

Im Schatten der ausladenden Eberesche lässt es sich gerade im Sommer hervorragend entspannen. Der Brunnen in der Mitte des Innenhofs bietet schattige wie sonnige Sitzgelegenheiten und sein sanftes Plätschern trägt zur besonderen Atmosphäre dieses Ortes bei. Ab und an trifft man auf den breiten Wegen Besucher des Seniorentreffs, die interessierten Zuhörern gerne ihre eigenen Geschichten erzählen. Ein kurzer Plausch mit den Puffbohnen lohnt sich, um weitere Geheimtipps zu erfahren.

Eine schmackhafte Reise nach Fernost können Sie nur wenige Schritte entfernt bei *Koko Sushi* unternehmen. Gerade am Abend sollten Sie aber unbedingt reservieren.

10

Nonnensteg
am Ende der Nonnengasse
99084 Erfurt

Bistro Paulinchen
Paulstraße 17–18
99084 Erfurt
0173 4790550

DEM TRUBEL DER STADT ENTFLIEHEN
Nonnensteg

Auf der Suche nach Ruhe im Alltag bietet Erfurt einige schöne Ecken. Mitten in der Altstadt wird es aber schwierig, mit locker baumelnden Füßen Momente der Entspannung zu finden. Nahe der Straße Lange Brücke, versteckt in einem Hinterhof, liegt der Nonnensteg – eine schmale Brücke, die weniger durch ihre Architektur als ihre phänomenale Aussicht überzeugt. Von ihr aus schweift das Auge ins weite Grün des Gera-Ufers und fällt auf den wunderschönen, hellblau leuchtenden Pavillon, der auf einem der angrenzenden Grundstücke steht und eines der beliebtesten Fotomotive der Stadt darstellt. Wer träumt bei diesem Anblick nicht davon, dort gemütlich am Fenster zu sitzen, in aller Ruhe einen Kaffee (oder am Abend ein Glas Wein aus der benachbarten gut sortierten Weinhandlung) zu trinken und ein gutes Buch zu lesen? Doch auch auf dem öffentlich zugänglichen Grund rund um die Brücke ist es wunderschön: Hier rastet man gerne inmitten des Trubels der nahen Stadtmitte.

Wer mutig sein will, steigt die wenigen, aber dafür umso steileren Stufen zum Fluss hinab und macht es sich direkt auf Höhe des Wasserspiegels gemütlich. Mitgebrachte Bäckertüten locken neugierige Wildenten an, die auf einen kleinen Snack hoffen. Neidische Blicke von gestressten Erfurtern, die über die Lange Brücke ins Büro oder zum nächsten Termin hetzen, werden jedem, der an diesem grünen Glücksort in Erfurt seine Energiereserven auftankt, gewiss sein.

Nicht abschrecken lassen darf man sich von Schatzsuchern, die entlang des Nonnenstegs oft auf der Suche nach Geocaches sind; kleine Schätze in Städten und Natur, die nur anhand von GPS-Koordinaten gefunden werden können. Der Nonnensteg bietet dank seines geschützten Umfelds ausreichend Gelegenheit, die versteckten Dosen zu heben.

Wer sich stärken möchte, kann sich vorzügliche Snacks und Getränke zwei Ecken weiter im Bistro Paulinchen in der Paulstraße holen. Ob Suppe, Käsespätzle oder Baguette: Den Gaumen wird es freuen.

11

Altstadtkneipe Noah
Große Arche 8
99084 Erfurt
0361 6421840
www.altstadtkneipe-
noah.de

RAUER CHARME UND VIEL HERZBLUT
Altstadtkneipe Noah

Guten Service und schnelle Bedienungen darf man in der Altstadtkneipe Noah nicht erwarten. Der etwas eigene Charme des Personals und dass es auch mal etwas länger dauert, bis das Essen auf den Tisch kommt, gehören im *Noah* einfach dazu und genießen Kultstatus bei den Erfurter Kneipengästen. Als ehrlich, rustikal und anspruchsvoll, dabei mit Herzblut betrieben, beschreibt sich die Kneipe auf ihrer Webseite selbst, und irgendwie trifft es das auch ins Schwarze.

Zwischen Kleiner und Großer Arche unweit des Domplatzes erwartet die Besucher eine urige Kneipe, in der auch Zigarettenrauch nichts Ungewöhnliches ist, und in der kaum ein Quadratzentimeter an den Wänden frei von Bildern, Blechschildern und allerlei Kunst und Krempel ist. In dieses etwas aus der Zeit gefallene Ambiente gesellen sich proppenvolle Speisekarten, über 100 Biersorten, die es zu probieren gilt, und allerlei Gaumenfreuden. Freche Sprüche, nie unter der Gürtellinie, aber mit dem Herz auf der Zunge, gehören dazu und lassen auch den Nachbartisch mit schmunzeln, wenn es mit der Bestellung mal länger dauert oder nicht gleich das passende Kleingeld parat ist.

Wer im Sommer kommt, sollte Geduld mitbringen, um einen der begehrten Plätze im Biergarten zu ergattern. Gemütlich in einem engen Innenhof spendet eine alte, wuchtige Kastanie Schatten und macht die Altstadtkneipe zu einem der gemütlichsten und geselligsten Orte im Herzen von Erfurt. Zünftige Hausmannskost trifft hier auf Bierspezialitäten aus aller Welt.

Ob nach einem Spaziergang durch die Innenstadt, vor dem Besuch der Domstufenfestspiele oder einfach so zum Ratschen und Klönen mit Freunden – im *Noah* trifft man sich und vergisst die Zeit.

Zu einem Bier nach individuellem Geschmack empfehle ich einen Bauernsalat, in dem sich knusprig gebratene Bratkartoffeln verstecken.

12

Naturkundemuseum Erfurt
Große Arche 14
99084 Erfurt
0361 6555680
www.naturkundemuseum-erfurt.de

Epitome Coffee
Fischmarkt 8
99084 Erfurt
www.epitomecoffee.com

EIN BESUCH AUF DER ARCHE NOAH
Naturkundemuseum Erfurt

Um die Natur zu entdecken muss man draußen sein? Keinesfalls, wenn man das Erfurter Naturkundemuseum besucht. Nur wenige Meter vom Domplatz in der Großen Arche gelegen, nimmt das Museum Interessierte auf eine Reise durch die Geschichte unserer Erde mit und ermöglicht tiefe Einblicke in die Flora und Fauna des Freistaats. Insbesondere für Regenwetter-Tage ist das Museum ein ideales Ausflugsziel.

Ein Highlight des Museums ist die mehr als 350 Jahre alte Eiche, deren Wurzeln im Erdgeschoss besichtigt werden können. Fleißige Treppensteiger begutachten bis ins Dachgeschoss hinauf jeden Zentimeter des mächtigen Baumes. Wer genau hinschaut, entdeckt in den Ästen versteckt auch Vögel und andere Lebewesen, die sich ihren Platz im Blättergewusel gesucht haben.

Vor allem für Kinder lohnt sich die Dauerausstellung in der *Arche Noah* im Untergeschoss. Passend zum Straßennamen des Museums wartet im Keller ein Schiff auf große und kleine Besucher. Angelehnt an die biblische Geschichte können auf den Planken allerlei ausgestopfte Tiere bewundert werden. Wie in einem Wimmelbild streift man durch das Schiff, findet immer wieder neue Lebewesen und erlebt so die Artenvielfalt der Natur. Achtung, bloß nicht seekrank werden! Das Schiff bewegt sich leicht in den Wellen des imaginären Ozeans.

Wer es gerne glitzernd und funkelnd mag, besucht im Kellergewölbe die große Mineraliensammlung, deren Bestand regelmäßig aufgefrischt und ausgetauscht wird. Daneben gibt es ständige Ausstellungen zum Thüringer Naturraum und zu seinen Naturschätzen. Gerade für Kinder sind die Vitrinen in der Ausstellung besonders spannend, in denen sich etwas bewegt. So gibt es in diesen mitunter kleine Mäuse zu entdecken.

Nach dem Museumsbesuch noch gemütlich einen Kaffee trinken? Nicht weit entfernt versorgt das Café *Epitome* die Erfurter mit frisch geröstetem Kaffee. Einfach wunderbar.

13

Predigerwiese
neben der Predigerkirche
Predigerstraße 4
99084 Erfurt
www.predigerkirche.de

Klara Grün Café
Predigerstraße 12
99084 Erfurt
0163 7913858
www.klaragruen.de

EIN KAFFEE MIT MEISTER ECKHART

Predigerwiese

Nur wenige Schritte vom Fischmarkt und der rege von Straßenbahnen befahrenen Schlösserstraße entfernt, bildet ein kleines Stückchen Wiese einen beliebten Treffpunkt von jungen Erfurtern und Kaffeeliebhabern. Im Schatten der Predigerkirche lässt es sich dank dem Kühle spendenden Brunnen und der benachbarten Cafés gut im Sommer aushalten.

Die Ursprünge der Predigerkirche reichen bis ins 13. Jahrhundert zurück. Mit ihrer langen Geschichte und einigen baulichen Besonderheiten, wie der doppelten Abtrennung zwischen Hohem Chor und dem Hauptschiff, bieten das Kirchenschiff und die Reste der angrenzenden Klosteranlage ausreichend Gelegenheit, um diesen sakralen Bau zu bestaunen. Hier wirkte Meister Eckhart, bedeutender deutscher Philosoph und Theologe. Seine Spuren hat er auch an der Predigerkirche hinterlassen, zum Beispiel am westlichen Nordportal, das von der Wiese aus betrachtet werden kann und mit seinen geometrischen Mustern ein echter Hingucker ist.

Wem der Trubel an einem Shoppingsamstag zwischen Domplatz, Anger, Krämerbrücke und Hirschlachufer zu viel wird, der findet mit den Grünflächen rund um die Predigerkirche genügend Raum für Ausbruch aus dem Gewusel. Zentral gelegen – und doch abseits der üblichen Wege der Einkauf-Begeisterten – wird dieser Platz mit Vergnügen für gute Gespräche, Kaffee und eine einfache Auszeit genutzt. Die Betreiber des Cafés *Klara Grün* stellen für den gemütlichen Kaffee-Plausch am Mäuerchen auch gerne bequeme Sitzkissen zur Verfügung.

Noch mehr Ruhe gefällig: Etwas versteckt über der Schlösserstraße, knapp vor der Schlösserbrücke, eröffnet sich ein Zugang zu einem überschaubaren Park hinter der Kirche mit kleinem Rundweg und sacht plätscherndem Brunnen. Ein wahrer Ruhepol in der Erfurter Innenstadt, die nur allzu oft von Touristen »geflutet« ist.

Kaffee, Gebäck und unterhaltsame Weisheiten bietet das Café *Klara Grün* direkt gegenüber des Brunnens auf der Predigerwiese.

14

Schlösserbrücke
Schlösserstraße
99084 Erfurt

Mathildas Pastaladen
Barfüßerstraße 2
99084 Erfurt
0361 2169096
www.mathilda-
restaurant.de

ALLES IN BUTTER AUFM KUTTER
Schlösserbrücke

An einer der Hauptschlagadern der Altstadt Erfurts befindet sich die Schlösserbrücke, die einen Seitenarm der Gera überspannt. Sie erreichen sie entweder aus der Richtung Anger oder Fischmarkt. Auf der Brücke tummeln sich Touristen und Einheimische, die entspannt an der Mauer lehnen, mit einem Eis oder einem Kaffee in der Hand. Von hier aus hat man die Türme der Predigerkirche und der Barfüßerruine im Blick.

Auf beiden Seiten der Schlösserbrücke gibt es etwas Besonderes zu entdecken: das Museum Neue Mühle am Breitstrom, eine der beiden letzten funktionstüchtigen Mühlen in Erfurt. Ins Wasser verirrt sich gerne ein Fischreiher, der oft so still sitzt, dass man glatt vermuten würde, er sei nicht echt.

Auf der anderen Brückenseite kann man eine, nein, sogar zwei Gestalten erkennen, die sich im Wasser wohlfühlen: Neben den blühenden Schiffchen, sorgfältig begrünte und im Wasser verankerte Pflanzenkübel in Bootsform, sind Käpt'n Blaubär und sein gelber Matrose Hein Blöd in See gestochen. Der Käpt'n vorneweg hat mit seinem Fernrohr den besten Blick durch eine der sechs Brückenbogen. Die beiden sind aber nicht alleine – mittlerweile finden sich in der ganzen Stadt verteilt 16 Figuren, die für den Kindermedienstandort Erfurt werben sollen. Am längsten fühlt sich dabei schon Bernd das Brot an seinem Plätzchen neben dem Rathaus wohl. Zuletzt sind Herr Fuchs und Frau Elster dazugekommen. Sie stehen auf dem Theaterplatz.

An der Touristinformation am Benediktsplatz gleich um die Ecke, ist ein Stadtplan erhältlich, der alle Verstecke der Plastiken verrät. Oder Sie begeben sich selbst auf die Suche quer durch die Stadt, aber ein guter Tipp: Wenn Sie alle Figuren entdecken wollen, dürfen Sie nicht vergessen, auch am Flughafen vorbeizuschauen …

Ein leckeres und hochwertiges Mittagessen bekommen Sie bei *Mathildas Pasta*. Frische Pastasorten und hausgemachte Soßen können Sie mitnehmen und an der Schlösserbrücke genießen.

15

Bewachsene Tür am
Fischersand

**Blühende Türen in der
Michaelisstraße**
am Kunsthaus Erfurt
Michaelisstraße 34
99084 Erfurt
0361 5402437
www.kunsthaus-erfurt.de

Peckham's
Pergamentergasse 11
99084 Erfurt
0361 24022292
www.peckhams.de

#DOORSOFERFURT

Bewachsene Türen am Fischersand und in der Michaelisstraße

Wer offenen Auges durch die Stadt spaziert, der wird nicht nur aufmerksam auf Erfurts wunderbare Fassaden – zum Beispiel am Fischmarkt –, sondern stolpert hier und da auch über bunte, verzierte und bewachsene Türen. Ob in Blau, Gelb oder Rot in allen Nuancen, man findet die aufwändigsten Ornamente und kunstvoll geschnitzten Exemplare. Dabei beeindrucken besonders die Hauseingänge, die ab dem Frühjahr von einem Blumenkranz geschmückt werden.

Auf der Langen Brücke am Fischersand wartet eine der schönsten bewachsenen Türen: Sie wird von einer prächtigen Clematis geziert, die lilafarbene Blüten bis zum Boden trägt. Von ihrer Schokoladenseite zeigt sich die begrünte Fassade, wenn Sie sich auf die kleine Brücke über die Gera gegenüberstellen. Bunte Türen sowie eine tolle bewachsene Fassade fallen den aufmerksamen Spaziergängern genauso in der Michaelisstraße auf: Der Eingangsbereich des *Kunsthaus Erfurt* wird von vielen Vorbeigehenden bewundert und die weißen Blüten auf einem schnellen Schnappschuss verewigt. Hier lohnt es übrigens, nicht nur staunend vor der Tür zu stehen, sondern bei Gelegenheit durch eben diese zu gehen und die jeweilige aktuelle Ausstellung oder eins der Werkstattgespräche zu besuchen.

Selbst im Netz hat das Türenphänomen seinen Platz gefunden: Wie in vielen anderen Städten auch, wurde von Liebhabern ein Hashtag ins Leben gerufen: #doorsoferfurt. Auf diesem Wege teilen Hobbyfotografen und sogenannte »doorlover« vor allem auf der Plattform Instagram ihre liebsten Fundstücke mit ihrer Community. Sie eignen sich ebenso als Fotohintergründe für Familien- oder Pärchenbilder. Haben Sie schon Ihren eigenen Favoriten ausgespäht? Vielleicht haben Sie ja Lust, nach einem Rundgang durch die Stadt ihren schönsten Fund zu veröffentlichen.

Nach einem Spaziergang durch die Altstadt lockt ein leckeres Mittagessen oder ein Stück Kuchen im *Peckham's*, das seine Speisen flexibel variiert, damit Veganer, Vegetarier, Allergiker und Hungrige mit einer ketogenen Ernährung zusammen an einem Tisch sitzen können.

16

Wenigemarkt
99084 Erfurt

Kurhaus Simone
Wenigemarkt 21
99084 Erfurt
0361 55066833

ITALIENISCHES LEBENSGEFÜHL
Wenigemarkt

Im Sommer im Schatten der urigen Bäume oder der hohen Häuser gemütlich einen Aperol Spritz oder einen Weißwein trinken, Passanten beobachten und das Leben genießen. Was im ersten Moment nach einem lauen Abend auf der Piazza Navona in Rom oder der Piazza della Signoria in Florenz klingt, beschreibt einen der beliebtesten Treffpunkte zum Ausgehen im Sommer in Erfurt, den Wenigemarkt.

Der Name des Wenigemarktes entstand bereits im 12. Jahrhundert und fußt auf seiner Funktion als Handelsplatz, der den Gegenpol zum Großen Markt (dem Domplatz) bildete. In dessen Mitte laden kleine Sitzbänke und ein Springbrunnen, der als Blickfang zwei raufende Jungen zeigt, zum Verweilen ein. Aber auch die breite Mischung aus Restaurants, Cafés und Bars – allesamt mit Sitzmöglichkeiten im Freien – bieten ausreichend Gelegenheit für eine Pause an der frischen Luft. Das Angebot dort, am östlichen Ende der Krämerbrücke und zentral in der Innenstadt, reicht vom Thüringer Traditionsbäcker über den klassischen Italiener bis hin zum kleinen Sushiladen. Alle mit gemütlicher Außengastronomie, um zu sehen und gesehen zu werden.

Im Schatten der Ägidienkirche können sich sowohl Erfurter als auch Besucher gerade im Sommer an vielfältigen Kulturveranstaltungen erfreuen. Ob zum Krämerbrückenfest, bei der *Fête de la Musique* oder zum Töpfermarkt: Hier wird musiziert, getanzt und das Leben genossen.

Auf der Suche nach einem Mitbringsel für die Daheimgebliebenen oder einem typischen Thüringer Geschenk ist der Laden von Born Senf im Haus mit der Nummer elf die richtige Adresse. Im ersten Geschoss des kleinen Hauses lädt ein Museum dazu ein, mehr über die Herstellung von Senf und Soßen in Thüringen zu erfahren.

Wer nicht nur seinen Durst löschen, sondern auch eine Kleinigkeit essen möchte, dem sei ein Panini im *Kurhaus Simone* empfohlen, ein Bistro mit Charme und einem Herz für Kunst und Kultur in Erfurt.

17

Kardamom
Krämerbrücke 23
99084 Erfurt

WO ES DUFTET UND SCHMECKT

Gewürzhandlung *Kardamom*

Erfurts Wahrzeichen, die Krämerbrücke, trägt nicht nur den Titel der einzig bewohnten Brücke nördlich der Alpen, sondern hält auch ganz traditionell jede Menge kleiner Ladengeschäfte und kulinarische Möglichkeiten bereit.

Besonders gut duftet es aus der Gewürzhandlung *Kardamom,* die sich auf der Brückenseite Richtung Wenigemarkt befindet und im Sommer schon von außen zu bestaunen ist. Aus Blumenkästen, die an den Fenstern des oberen Stockwerks befestigt sind, ranken sich an der Fassade allerlei Blätter und bunte Blüten entlang, die Sie garantiert nicht am Laden vorbeilaufen lassen. Auf einem Holzschild steht in großen, weißen Lettern der Name der Gewürzhandlung, benannt nach einem der teuersten Gewürze der Welt. Die grünen Kapseln geben beispielsweise Süßspeisen einen einzigartigen Geschmack. Angebaut wird der Kardamom vor allem in asiatischen Ländern und dann exportiert – wie passend sind daher sowohl der Name als auch der Standort der Gewürzhandlung, denn schließlich führte im Mittelalter die wichtige Handelsstraße Via Regia durch Erfurt.

Im Inneren von *Kardamom* finden sich Regale befüllt mit allerlei Gewürzen, die das Herz eines Bäckers oder Kochs höher schlagen lassen: von Standardgewürzen für Fisch-, Fleisch- oder vegetarische Gerichte, getrockneten Kräutern, Gewürze zum Backen oder für Glühwein bis hin zu leckeren Mischungen für Kräuterquark oder Pesto. Nicht selten sind die Beschreibungen auf den Tüten oder originellen Mischungen Inspiration für das nächste Gericht. Auch als Souvenir oder Geschenk eigenen sich die kleinen Päckchen bestens. Gerne erteilt das Personal des *Kardamoms* eine Empfehlung, wenn man sich angesichts der großen Auswahl nicht entscheiden kann.

Achten Sie bei einem Spaziergang über die Brücke auf die Namen der Häuser und die entsprechenden Verzierungen. Können Sie beispielsweise das Haus Nummer neun *Güldener Schaar und Schweinskopf* entdecken?

18

**Hinter der Krämerbrü-
cke** versteckt sich dieser
schattige Seitenarm der
Gera, an dem Sie gemüt-
lich ein Eis essen oder ein
gutes Buch lesen können

Ausblick von Horngasse
oder Dämmchen
99084 Erfurt

Informationen:
Stiftung Krämerbrücke
Krämerbrücke 31
99084 Erfurt
0361 6548381
www.kraemerbruecke.de

EINE UNVERGESSLICHE AUSSICHT
Blick auf die Krämerbrücke

Wer Erfurt besucht und nicht einmal über die Krämerbrücke geschlendert ist, war nicht wirklich in Erfurt. Als *das* Wahrzeichen Erfurts steht die Krämerbrücke für die mittelalterliche Geschichte der Landeshauptstadt und verkörpert auch ihren Aufstieg zur Handelsmetropole an der Kreuzung der Via Regia und weiterer zentraler Handelswege in Mitteldeutschland. Auf der Brücke faszinieren die schmalen Häuser mit den einzigartigen Geschäften und die Besucher tauchen für kurze Zeit in die Vergangenheit ein.

Die wahre Schönheit der Brücke erschließt sich, wenn man sie »von hinten« sieht; wenn die Häuser zu einer farbenfrohen Front mit kleinen bepflanzten Balkonen verschmelzen und man das erste Mal wahrnimmt, dass die soeben besuchte Straße eine Brücke ist. Diesen Anblick genießt man am besten auf den Treppen hinter der Krämerbrücke. Dieser Treffpunkt ist bei Erfurtern sehr beliebt und so braucht es im Sommer ein wenig Glück, um zwischen jugendlichen Cliquen, im Wasser planschenden Kindern und Touristenpaaren einen Platz in der Sonne mit Blick auf Erfurts schönstes Bauwerk zu ergattern.

Wer dem Trubel der Massen entfliehen möchte, begibt sich noch einige Meter weiter weg von der Krämerbrücke. Hinter dem Gasthaus *Augustiner* wartet ein großer Abenteuerspielplatz auf spiellustige Kinder. Am Dämmchen bieten nicht nur die Parkbänke eine gute Sitzgelegenheit: Niedrige Mauern am Ufer laden zum Verschnaufen und Kühlen der Füße im Wasser ein. Die Gedanken schweifen und vielleicht träumt man davon, das Baumhaus auf der gegenüberliegenden Seite zu erklimmen und dort dem Alltag zu entfliehen. Hier im Herzen Erfurts wird Stadtgeschichte spürbar. Dieser Ort ist für Seelenbaumler und Liebhaber des Dolce Vita perfekt. Unbedingt Zeit mitbringen und den Moment genießen!

Neben dem Wasser der Gera stellt insbesondere das Speiseeis von *Goldhelm* eine Erfrischung im Sommer dar. Eistruhen-Klassiker mischen sich hier mit thüringischen Spezialitäten.

19

Evangelisches Augusti-nerkloster zu Erfurt
Augustinerstraße 10
99084 Erfurt
0361 576600
www.augustinerkloster.de

Abendbrot
Augustinerstraße 5
99084 Erfurt
0361 6003687

RUHE IM TRUBEL FINDEN

Evangelisches Augustinerkloster zu Erfurt

Hier trifft das grüne auf das geistliche Erfurt: Im evangelischen Augustinerkloster, in dem bereits Martin Luther, aber auch Papst Benedikt XVI. weilten, spürt man schnell die enge Verbindung von Erfurt mit dem christlichen Glauben. Die Zeit scheint stillzustehen oder zumindest deutlich langsamer zu vergehen, auch wenn immer wieder Gruppen von Touristen den Weg in den Innenhof des Klosters finden.

Betritt man das heute zum Großteil als Tagungsstätte genutzte Gelände, fühlt man sich schnell wie im Mittelalter. Zwischen hohen Mauern bleibt der Straßenlärm draußen und Ehrfurcht vor diesem Ort mit vielen Hunderten Jahren Geschichte erfasst die Besucher. Ob es die Kirche des Klosters, der begrünte Innenhof oder der Raum der Stille ist – überall findet man Gelegenheit, in sich zu gehen. Ich mag es, mir im Schatten der Bäume eine freie Bank zu suchen, die Augen zu schließen und den Gedanken freien Lauf zu lassen. Es ist faszinierend, wie Geschichte spürbar und wie das Verweilen im Moment möglich wird. Ob im dezent angelegten Rosengarten, auf der einladenden Wiese vor dem Klostergebäude oder im Innenhof mit Kreuzgang: Natur, Glaube und Geist werden eins.

Wer an diesem grünen Fleck im Herzen des historischen Erfurts etwas Ruhe gefunden hat, darf einen Gang durch die direkt hinter dem Kloster gelegene Kirchgasse nicht verpassen. Tief ins Mittelalter versetzt fühlt man sich hier beim Schlendern durch das Quartier, lässt die schmale Gasse zwischen alten Fachwerkhäusern und den Klostermauern doch keinen Raum für Neues.

Noch auf der Suche nach einer Übernachtungsmöglichkeit in Erfurt? Direkt im Augustinerkloster können Gästezimmer gebucht werden – ein zentraler Ausgangspunkt, um viele Ausflüge in und um Erfurt zu starten.

Stärkung gefällig? Ungarische Spezialitäten warten auf hungrige Mäuler im Bistro *Abendbrot*. Auf der Speisekarte stehen Brotzeitplatten und wechselnd deftige Gerichte mit ungarischer Note.

20

Klein Venedig
Startpunkt für einen
Spaziergang: Kreuzung
Webergasse/Moritzstraße
99084 Erfurt

Restaurant Artemis Erfurt
Steinstraße 30
99084 Erfurt
0361 5610536
www.erfurt-artemis.de

ES KLAPPERT DIE MÜHLE...
Parkanlage *Klein Venedig*

Am nördlichen Rand des Innenstadtkerns wartet mit *Klein Venedig* ein unscheinbarer Park auf ruheliebende Städter. Zwischen Schulgebäuden und Wohnhäusern fließt die Gera sanft entlang der kleinen Flussinseln; Treppen und Wege direkt am Ufer laden zum Verweilen ein. Zu jeder Jahreszeit überrascht die grüne Idylle die Erfurter in einer neuen Farbe: sattgrün im Sommer, goldbraun und gelb im Herbst und voller lila Krokusblüten im Frühjahr. Gerade für Fotografen mit Liebe zu Natur und Pflanzen ist dieser Ort in der Innenstadt eine beliebte Adresse.

Der Name *Venedig* täuscht: Diese Oase im Erfurter Andreasviertel hat keinen Bezug zur italienischen Lagunenstadt, auch wenn es über Jahrhunderte Wirtschaftsbeziehungen zwischen Erfurter und Venezianischen Händlern gab. Die Bezeichnung *Klein Venedig* leitet sich vielmehr aus dem Althochdeutschen ab und beschreibt das frühere Sumpfgebiet, in dem im Spätmittelalter Wassermühlen standen. Sie versorgten die Bürger mit Mehl und anderen Erzeugnissen.

Heute genießt *Klein Venedig* bei Studenten und Anwohnern große Popularität. Hohe Bäume und schmale Bachverläufe ziehen sich durch die Grünflächen und verbinden mit Fuß- und Radwegen die Innenstadt mit der Andreasvorstadt. Für junge Familien ist die Anlage ein beliebtes Ausflugsziel, denn in den Gera-Ausläufern wohnen unzählige Enten, die sich tagtäglich über das Futter der Passanten freuen. Zu dieser friedlichen Szene gehören auch häufig frisch geschlüpfte Babyenten, die beim kleinen Ausflug über den breiten Fluss flott ihrer Mutter ins nächste Gebüsch folgen.

Genug entspannt? Dann lohnt sich hinterher ein Spaziergang durch die kleinen Gassen im Andreasviertel. Dort warten Häuserfassaden jeder Couleur darauf entdeckt und fotografiert zu werden.

Wer nach dem Ausflug ins Venedig Erfurts eine deftige Stärkung sucht, dem sei ein Besuch im griechischen Restaurant Artemis ans Herz gelegt.

21

Zitadelle Petersberg
Petersberg 3
99084 Erfurt

Informationen:
**Freunde der Citadelle
Petersberg e.V.**
Schillerstraße 68
99096 Erfurt
0361 2281622
www.petersberg.info

ERFURTS GROSSER BALKON
Petersberg

Von der Marktstraße auf den Domplatz kommend eröffnet sich Erfurts schönstes Panorama. Nach dem ersten Blick auf das Ensemble mit Mariendom und Severikirche schweift der zweite auf den Petersberg, jene Anhöhe im Zentrum der Stadt, die einen einmaligen Rundblick über Erfurt ermöglicht. Insbesondere von der Bastion Leonhard, die dem Domplatz zugewandt ist, lohnt sich der Ausblick auf das türmereiche Erfurt. Schnell wird deutlich, warum die Bastion den Namen »Balkon der Stadt« trägt.

Was heute ein beliebtes Naherholungsgebiet der Städter und Teil der Bundesgartenschau (BUGA) 2021 ist, hat eine lange Geschichte – und entsprechend oft hat sich das Antlitz des Petersberges gewandt. Seit dem 8. Jahrhundert erst als fränkisches Kastell erbaut, wurde es später zur Zitadelle und Festung erweitert. Heute beherbergt es das Stasi-Unterlagen-Archiv Erfurt und spiegelt hoch über Dom, Altstadt und Gutenberg-Gymnasium vielfältig die Erfurter Geschichte wider.

Mit seinen weitläufigen Wiesen, verschlungenen Wegen und Treppen sowie durch die angrenzenden Kleingärten im Nordwesten ist die Bastionsanlage eine grüne Lunge Erfurts, die zum Spazieren und Pausieren einlädt. Unterschätzen Sie nicht den Aufstieg, der zwar für die BUGA neu gestaltet und etwas vereinfacht wurde, aber dennoch eine kleine Kraftanstrengung sein kann. Lassen Sie sich Zeit – der wunderbare Ausblick lohnt die Mühe.

Während der Bundesgartenschau wartet zusätzlich zum gastronomischen Angebot in der ehemaligen Defensionskaserne neben dem oberen Plateau insbesondere im Festungsgraben ein blühend grünes Highlight auf die Besucher: Neben Blumen zeigen hier typische Erfurter Gemüsesorten wie der Blumenkohl »Erfurter Riese« oder die Puffbohne ihr prächtiges Antlitz. Der Bereich widmet sich voll der Erfurter Gartenbautradition.

Sich wieder einmal wie ein Kind fühlen? An verschiedenen Ecken auf dem Petersberg stehen große Schaukeln, die sich auch bei Erwachsenen großer Beliebtheit erfreuen.

22

Benaryplatz
Kreuzung Straße des Frie-
dens/Bonifaciusstraße
99084 Erfurt

Bäckerei Günter Bauer
Cyriakstraße 1
99094 Erfurt
0361 2251943

IN GUTER BLUMENSTADT-TRADITION
Benaryplatz

Beim Spaziergang durch Erfurts Südwesten, ob durch den Luisen- oder *egapark* oder die Brühlervorstadt, irgendwann führen die Wege eines jeden Ausflüglers in Richtung Gothaer Platz. Neben diesem zentralen Verkehrsknoten liegt der Benaryplatz, leicht versteckt zwischen Hecken und Gebüsch, mit dem markanten Springbrunnen auf der Liegewiese.

Sicher, es ist nicht die beeindruckendste Parkanlage in Erfurt, aber eine der traditionsreichsten. Wo sich heute in den Mittagspausen Geschäftsleute und Ärzte die Füße vertreten oder Kinder am Rand des Brunnens ihre Eltern nicht zur Ruhe kommen lassen, standen früher die außergewöhnlichsten Pflanzen und Bäume auf dem Schmuckplatz der Gärtnerei Benary, nach dessen Gründer (Ernst Benary) die Anlage benannt wurde.

Zu dessen Ehren stifteten die Söhne der Gärtnerfamilie der Stadt Erfurt die Grünfläche. In seiner Weitsicht hatte ihr Vater die Grundstücke, eigentlich lukratives Bauland, bereits erworben und testamentarisch bestimmt, diese als öffentliche Erholungsstätte an die Stadt zurückzugeben. Ein Gedenkstein am Rande des Platzes erinnert an die traditionsreiche Gartenbau-Familie, die maßgeblich dazu beitrug, Erfurt als »Blumenstadt« zu etablieren. Wie schön Erfurt erblühen kann, zeigt jedes Jahr vom Frühling bis in den Herbst das Hochbeet am nördlichen Ende der Anlage.

Die ehemaligen Speichergebäude der Gärtnerei können heute noch begutachtet werden. Hinter dem modernen Neubau des Sparkassenfinanzzentrums versteckt sich etwas nach hinten versetzt der Benaryspeicher, in dem mittlerweile das Druckereimuseum untergebracht ist. Weitere Villen in Gehweite sind ebenfalls der Familie Benary zu verdanken und prägen maßgeblich den Charakter des Viertels.

Schlange stehen? Viele Erfurter nehmen das am Wochenende für frische Brötchen der Bäckerei Günter Bauer am direkt benachbarten Gothaer Platz in Kauf.

23

Vorgärten in der Brühler-vorstadt
Startpunkt für einen Spa-
ziergang: Ecke Wilhelm-
Külz-Straße/Lutherstraße
(Straßenbahn-Haltestelle
Brühler Garten)
99084 Erfurt

Oma Lilo
Gorkistraße 16
99084 Erfurt
0361 43024911

ZWISCHEN LAVENDEL UND TRÖDEL

Vorgärten in der Brühlervorstadt

Wer sich zu Fuß aus dem Stadtzentrum Richtung *egapark*-Gelände bewegt, durchstreift die historische Brühlervorstadt im Westen der Stadt. Als beliebtes Wohngebiet zieht es mehr und mehr Erfurter in die Südvorstadt, was den Wohnraum hier begehrt macht und die Mieten in die Höhen schnellen lässt.

Ruhig ist es in den kleinen Straßen dieses Viertels, mit Stuck verziert ragen wunderschöne Gebäude im klassizistischen Baustil in den Himmel. Mal farbenfroh, mal dezent, aber immer prächtig – so gestalten sich die Straßenzüge im Brühl. Wer genau hinschaut, erkennt an zahlreichen Gebäuden noch die Befestigungen der Stromtrassen der alten Straßenbahnen, die sich mittlerweile neue Wege durch die Stadt suchen.

Ein Streifzug lohnt sich auch für Jäger von Nippes und kleinem Trödel. Sogenannte Geschenkekisten sind Teil des nachbarschaftlichen Umgangs. Wer etwas nicht mehr braucht, packt es in eine Kiste und stellt diese mit der Aufschrift »zu verschenken« vor die Haustür. Nahezu alle kleinen und großen Schätze haben so schon in der Nachbarschaft ein neues Zuhause gefunden.

Hier in der beschaulichen Vorstadt blüht und grünt es an fast jeder Ecke. Schöne und sehenswerte Beispiele sind die Wilhelm-Külz-Straße und der Dalbergsweg. Mit hohem Engagement verwandeln die Anwohner ihre Vorgärten zu kleinen Oasen. Es brummt und summt und Lavendelduft verleiht den Straßenzügen mediterranes Flair. Bei Touristen wie Anwohnern stößt dabei die seit einigen Jahren diskret wachsende Gastronomie auf Begeisterung. Kleine Cafés laden zum Verweilen ein und haben sich dezent ins Bild des Viertels eingeschmiegt.

Mit dem nahen *egapark*-Gelände, den Schrebergartensiedlungen und dem Steigerwald warten weitere grüne Oasen Erfurts in unmittelbarer Nähe zur Brühlervorstadt auf ihre Besucher.

Auf eine Tasse Kaffee und ein Stück Kuchen sollte sich jeder im Café *Oma Lilo* niederlassen. Zentral gelegen, lädt die kleine Perle in der Erfurter Kaffeekultur auch vor der Tür zum Verweilen ein.

24

egapark Erfurt
Gothaer Straße 38
99094 Erfurt
0361 5643737
www.egapark-erfurt.de

DAS GRÜNE HERZ DER STADT
egapark Erfurt

Mit dem *egapark Erfurt* liegt einer der schönsten Parks Thüringens im Zentrum Mitteldeutschlands. In seiner heutigen Form ist der *egapark* aus der Internationalen Gartenausstellung 1961 (iga) hervorgegangen und bietet weit mehr als nur Blumen und Pflanzen: eine eigene Sternwarte, ein Aussichtsturm mit Blick auf das Erfurter Stadtgebiet, diverse Ausstellungshallen sowie der größte Spielplatz Thüringens machen die Anlage zum beliebten Treffpunkt von Familien – hier kommt keine Langeweile bei kleinen und großen Kindern auf.

Entlang der historischen Handelsstraße Via Regia zieht sich der Park vom Stadtrand über den Cyriaksberg bis in die Brühlervorstadt. Was schon 1865 mit der ersten internationalen Pflanzenschau begann und ursprünglich auf das Engagement von Christian Reichart im 18. Jahrhundert zurückgeht, erreicht 2021 seinen nächsten Höhepunkt durch die Bundesgartenschau, deren Zentrum im *egapark* liegt. Hierfür wurden historische Bestandteile wie der Rosengarten wiederhergestellt, das größte zusammenhängende ornamental bepflanzte Blumenbeet Europas, das sogenannte große Beet mit seinen 6.000 Quadratmetern, neu gestaltet und mit dem Wüsten- und Urwaldhaus Danakil eine neue Attraktion geschaffen. Diese Naturerlebniswelt bildet eine zentrale Anlaufstelle, die ebenfalls mit ihrer Rendezvous-Brücke an längst nicht mehr vorhandene Bauten aus den 60er-Jahren erinnert.

Ich empfehle, den Park durch den Haupteingang nahe der Messe zu betreten. Auf den Wegen bergab können so alle Attraktionen besichtigt und genossen werden; beginnend bei den Springbrunnen, entlang des bunten Bandes vorbei an historischen Pavillons mit Ausstellungen, bis zum Danakil, anschließend die Wasserachse passierend hin zur Cyriaksburg, in der das Deutsche Gartenbaumuseum beheimatet ist.

Für eine Auszeit lohnt sich ein Besuch des Japanischen Gartens, in dem die kleinen separaten Anlagen für einige Momente der Ruhe im Trubel der Gartenschau sorgen.

25

**Spielplatz GärtnerReich
im egapark Erfurt**
vom Haupteingang aus der
breiten Straße nach links
folgen
Gothaer Straße 38
99094 Erfurt
0361 5643737
www.egapark-erfurt.de

ZUM GROSSEN GÄRTNER WERDEN

Spielplatz *GärtnerReich* im *egapark*

Erfurt ohne Gartenbau? Unvorstellbar! Daher wurde dieses Thema vor wenigen Jahren bei der Neugestaltung des Kinderbereichs im egapark aufgegriffen und bildet seitdem die inhaltliche Klammer für alle Spielgeräte. Hier werden die jungen Besucher zu großen Gemüsebauern. Ob ansäen, gießen oder ernten – alle Tätigkeiten eines Kleingärtners finden sich auf dem größten Abenteuerspielplatz Thüringens kindgerecht umgesetzt.

Die Klettergeräte sind dabei so angeordnet, dass die Kleinen einmal den Lebenszyklus einer Pflanze miterleben können: Sie setzen im Sandkasten das Saatgut ein, können anschließend an gießkannenförmigen Wasserspaßgeräten planschen, durch die ersten Pflanzensprießlinge rennen und am Ende das angebaute Gemüse erklettern. Abenteuer pur, wenn Kinder das Gartenjahr auf dem weitläufigen Gelände erleben. Die meisten Spielgeräte sind einzigartig und nur im egapark zu finden, so zum Beispiel die Erdbeerkaktus-Rutsche, die an die eigens gezüchtete, gleichnamige Sukkulentensorte der Erfurter Gärtnerei *Kakteen-Haage* erinnert. Daneben warten im Sommer große Planschbecken auf junge Besucher, die sich über die Abkühlung freuen. Daher sollten Familien unbedingt Handtücher und Badekleidung einpacken. Die Zeit vergeht für den Nachwuchs wie im Fluge, für Eltern stehen im Schatten großer Bäume ausreichend Sitzbänke und Liegestühle zur Verfügung. Nach dem Spielen wartet in unmittelbarer Nachbarschaft der Schaubauernhof ebenfalls auf neugierige Entdecker. Hier gibt es kleinbäuerliche Landwirtschaft zu sehen und einige Tiere dürfen gestrichelt werden.

Wer mehr Abenteuer braucht, kann auch bei einer Geocaching-Schatzsuche das *GärtnerReich* sowie weitere Teile des *egaparks* erkunden. Entsprechende Geräte und Informationen sind im Besucherzentrum erhältlich.

Die Gastronomie rund um den Spielplatz überzeugt leider weniger, dafür laden die weitläufigen Wiesen im Park zum Picknicken ein. Also Rucksack schon zu Hause packen, zum Beispiel mit Leckereien vom Erfurter Wochenmarkt.

26

**Deutsches Gartenbau-
museum Erfurt im
egapark Erfurt**
Cyriaksburg
Gothaer Straße 50
99094 Erfurt
0361 223990
www.gartenbaumuseum.de

Caponniere
an der Cyriaksburg/
Aussichtsturm
Gothaer Straße 38
99094 Erfurt
0361 66393415
www.caponniere.de

WISSENSWERTES ERFAHREN
Deutsches Gartenbaumuseum im *egapark*

Alle Angebote zu nutzen, die der *egapark* Erfurt bietet, ist bei nur einem Besuch wahrscheinlich nicht möglich. Verpassen sollten Sie aber auf keinen Fall einen Zwischenstopp im einzigartigen Deutschen Gartenbaumuseum in der historischen und denkmalgeschützten Cyriaksburg, die Sie am unteren Ende des Parks finden.

Die Cyriaksburg war ursprünglich Teil eines Benediktinerinnenklosters aus dem Mittelalter, das Ende des 15. Jahrhunderts allerdings abgebrochen wurde. In der Preußenzeit wurden die Überbleibsel zu einer Burg ausgebaut. Rund 500 Jahre später kam es anlässlich der Internationalen Gartenausstellung (iga) 1961 zur Eröffnung des Museums.

In der Dauerausstellung *Die ganze Welt im Garten* können Interessierte sich über den Gartenbau informieren, der die Garten- und Blumenstadt Erfurt bedeutsam mitgeprägt hat. Im Museum werden die Bereiche Erwerbsgartenbau und Gartenkunst gleichermaßen vorgestellt. Über Samenzucht und den Anbau von Nutzpflanzen bis hin zu aktuellen Themen wie Klimawandel, Gentechnik und Biodiversität werden Sie umfassend aufgeklärt. Auch Kunst und Kultur und das öffentliche Grün kommen hier nicht zu kurz. Wie funktioniert Fotosynthese und welche Samenkörner sind die weltweit größten? Im Gartenbaumuseum gibt's Antworten auf diese und viele andere Fragen.

Eine Augenweide bildet der Rosenraum mit seinen zahlreichen roten Exemplaren, die sich dicht an dicht drängen – wie viele mögen es wohl sein? Nicht nur schön anzuschauen, sondern auch informativ ist das Apfelsortenkabinett: Wie Juwelen fein säuberlich aufgereiht finden Sie in gläsernen Vitrinen geschützt Apfel um Apfel. Jeder sorgfältig versehen mit einem passenden Sortenschild.

Gemütlich draußen sitzen und regional essen? Kein Problem im Biergarten des Restaurants *Caponniere,* gleich zwischen dem Gartenbaumuseum und dem Aussichtsturm.

27

Japanischer Garten im egapark Erfurt
am Hang westlich des Haupteingangs (gut aus-geschildert)
Gothaer Straße 38
99094 Erfurt
0361 5643737
www.egapark-erfurt.de

Buchhandlung Peterknecht
Anger 28
99084 Erfurt
0361 244060
https://peterknecht.buchkatalog.de

SCHULE FÜR DIE ACHTSAMKEIT
Japanischer Garten im *egapark*

Meditativ schlendern Besucher durch den japanischen Garten auf der Westseite des *egaparks*. Auf verschlungenen Wegen, die mal steil und mal hindernisreich angelegt sind, kann man nicht schnell und unaufmerksam spazieren gehen. Genau das ist das Prinzip japanischer Gärten: Bedacht auf das Hier und Jetzt ist ein Spaziergang nur vollkommen achtsam und im Moment verweilend möglich – eingebettet in die Schönheit der Natur.

Und so geht man deutlich langsamer durch das Ensemble aus Wasser, Pflanzen und Felsen als durch die anderen Teile des *egaparks*. Hier bilden die einzelnen Elemente spürbar eine Einheit, ganz einem Grundgedanken der asiatischen Kultur folgend, dass natürliche und von Menschenhand geschaffene Schönheit im Garten zusammenfinden. Ob zur Kirschblüte im Frühling oder im Schattenspiel der fernöstlichen Bäume – der japanische Garten bietet allerlei zu entdecken und wandelt sich ständig: nicht nur mit den Jahreszeiten, sondern auch je nach Blickwinkel. Daher lohnt es sich, diesem Ort einiges an Zeit zuzugestehen und die Pfade aus unterschiedlichen Richtungen zu beschreiten und auch einmal die Laufrichtung zu wechseln.

Einmal im Jahr ist es mit der Ruhe in der Gartenanlage aber vorbei. Dann wird das japanische Gartenfest gefeiert und die Kultur des Landes der aufgehenden Sonne in vielfältiger Art und Weise präsentiert. Die Webseite des *egaparks* verrät, wann das nächste Gartenfest stattfindet.

Wer gerne Blumen und Blüten fotografiert oder einfach deren Schönheit genießen möchte, kann sich unter anderem auf Magnolien, Azaleen und Rhododendren freuen. Ihre Blütenpracht ist über das Jahr hinweg oft schon aus der Ferne zu erkennen und bildet eine wahre, oft unterschätzte Perle im *egapark*.

Wie wäre es, wenn Sie sich mit einem guten Roman in den japanischen Garten zurückziehen? Die inhabergeführte Buchhandlung Peterknecht überzeugt am Anger durch persönliche Beratung und abwechslungsreiches Sortiment.

Rosengarten im egapark Erfurt
zwischen Danakil und
Südeingang
Gothaer Straße 38
99094 Erfurt
0361 5643737
www.egapark-erfurt.de

DIE KÖNIGIN DER BLUMEN

Rosengarten im *egapark*

Wissen Sie, welche Pflanzen gemeint sind, wenn von Sonnengold, Journal oder Vulkan gesprochen wird? Nein? Dann sollten Sie unbedingt eine der beliebtesten Ecken im *egapark* erkunden, die für die BUGA 2021 neu hergerichtet und grundlegend erneuert wurde. Gemeint ist der Rosengarten, in dessen Schaubeeten die Königin unter den Blumen am Südhang des Parks residiert. Der Rosengarten bietet neben den blühenden Beeten auch einen herrlichen Ausblick auf den Steigerwald und die südlichen Stadtteile im Geratal.

Die Tradition, Rosen auf dem Gelände auszustellen, geht zurück bis ins Jahr 1961 zur Internationalen Gartenausstellung. Dort, wo heute das Landesfunkhaus Thüringen an den *egapark* angrenzt, wurden damals im großen Stil Rosenzüchtungen dem neugierigen Publikum präsentiert. Ende der 90er-Jahre wanderte der Rosengarten an den Südhang der Parkfläche.

Extra für die Bundesgartenschau wurden über Jahre alte DDR-Rosensorten wieder gezüchtet und kultiviert. Diese finden in den farbenfrohen Anlagen ebenso Raum wie Duftrosen und rund 60 weitere Sorten. Auch spezielle bienenfreundliche Sorten wurden mit Blick auf den Schutz der emsigen Gartenhelfer gepflanzt – so auch Rosen, die vorzugsweise im Halbschatten gedeihen.

Besondere Aufmerksamkeit verdient der mediterrane Rosengarten, der, unter anderem ergänzt durch Lavendel und Salbei, nicht nur optisch ein Hingucker ist: Der Duft der ätherischen Öle verführt jede Nase. Die Toskana lässt grüßen.

Liegewiesen, ein eigenes Rosencafé, Terrassen und Pergolen laden die Besucher des *egaparks* zum Verweilen ein, stets mit Blick auf die blühenden Schönheiten. Entspannung verheißt auch der herrliche Ausblick auf den Seerosenteich, der noch einmal die Vielfalt der Rosenarten und -sorten verdeutlicht.

Noch nicht genug Rosen auf der BUGA entdeckt? Auf dem Petersberg können weitere Sorten im Schaugarten neben der Peterskirche bewundert werden.

29

Irisgarten am Südeingang
des egaparks Erfurt
Gothaer Straße 38
99094 Erfurt
0361 5643737
www.egapark-erfurt.de

BLUMEN VERBINDEN
Irisgarten im *egapark*

Rosengarten, Liliengarten, Japanischer Garten: Im *egapark* entdeckt jeder Besucher seine Lieblingsblume besonders in Szene gesetzt. Auch die Liebhaber der Iris kommen auf ihre Kosten. Etwas versteckt finden sich die Beete des Schwertliliengewächses am unteren, südlichen Ende des Parks wieder. Gerade deswegen sollten Sie sich die Blumen unbedingt auf die »Must see«-Liste setzen, schließlich hatten die außergewöhnlichen und angenehm duftenden Blüten schon im Jugendstil eine große Fangemeinde.

Im Zuge des BUGA wird auch dieses Areal umgebaut und aufgewertet: Der Garten liegt am Südeingang des Parks und bildet dadurch einen gedachten Übergang von der Erfurter Gartenbauausstellung (ega) zum Dendrologischen Garten und dem anschließenden Luisenpark in der Brühlervorstadt. Zur Gartenschau wird dieser untere Eingang des *egaparks* wieder für Gäste mit Dauerkarte geöffnet, welche dann von über 250 Arten und noch mehr Sorten der Iris begrüßt werden, bevor sie sich zur Parkmitte aufmachen.

Optisch behält der Irisgarten seine gestalterischen Elemente aus den 70er-Jahren bei: Die Terrassen sowie die Betonelemente der Treppen und Mauern erinnern noch an die DDR-Moderne zur Zeit der Eröffnung der Internationalen Gartenausstellung (iga). Vier Jahre später (1965) wurde der damalige Themengarten rund um die Iris fertiggestellt. Bis heute bezaubern die je nach Sorten sogar mehrfarbigen, großen Blüten des Schwertliliengewächses von April bis Juli. Wussten Sie, dass die Blumen durch ihr Farbspektrum auch als Töchter des Regenbogens bekannt sind? Bewundert werden können zum Beispiel Bartiris, Wieseniris oder Steppeniris. Dank der fachkundigen Bepflanzung mit Stauden und nachblühenden Iris haben die Besucher sogar noch länger Freude an den Beeten.

Zur BUGA wurde an den oberen Terrassen des Dendrologischen Gartens eigens ein Café geplant, das Sie nach einem Besuch am Irisgarten durch den Südausgang der ega erreichen können.

**Danakil-Klimazonenhaus
im Zentrum des egaparks
Erfurt**
Gothaer Straße 38
99094 Erfurt
0361 5643737
www.egapark-erfurt.de

WÜSTE TRIFFT URWALD
Danakil-Klimazonenhaus im *egapark*

Eigentlich liegt die namensgebende Danakil-Wüste in Äthiopien, aber im *egapark* haben die Besucher nun die Möglichkeit, im Klimazonenhaus Danakil in Thüringen zwei einzigartige Lebensräume kennenzulernen, die in der Mitte Deutschlands aufeinandertreffen. Ganz präsent, im Zentrum der *ega*, werden ein Wüsten- und ein Urwaldhaus in einem architektonisch auffälligen Gebäude zusammengefasst.

Verantwortlich für die Bepflanzung des Wüstenhauses ist zusammen mit dem Experten-Team des *egaparks* der Spezialist Ulrich Haage, Inhaber und Fachmann der Gärtnerei *Kakteen-Haage*. Seine Familie steht in langer Tradition des Erfurter Gartenbaus. Zusammen mit einer Szenografin wurde ein Konzept für die Ausstellung erarbeitet, für das Haage zunächst in den eigenen Gewächshäusern probeweise verpflanzte und testete. Im Herbst 2019 wurden 800 Pflanzen in einer spektakulären Anlieferung in das Haus einquartiert: Mithilfe von Hebebühne und Tieflader haben riesige Yucca- und Madagaskar-Palmen ein neues Zuhause gefunden. Es ist gar nicht so einfach, die Giganten in Sachen Sukkulenten, Kakteen und Palmen zu verfrachten, umzusetzen und wieder einzusetzen. Der Bau des Danakils und die Anlieferung der neuen Bewohner mussten genau aufeinander abgestimmt werden: Erst wurden die größten Pflanzen – wie eine fünf Meter hohe Palme – einquartiert, ganz zum Schluss die behaarten Greisenhäupter, damit ihnen der Schmutz und Staub nicht zu schaffen machte. Mit viel Folien, extra Holzgestellen und natürlich der Arbeit von versierten Gärtnern, ist der Umzug geglückt.

Viel kleinere Mitbewohner des Wüstenhauses sind dabei die Völker der Blattschneiderameise und der Wüstenameise, die extra von Berliner Ameisenexperten für das Danakil-Projekt gezüchtet und dann in den Freistaat übersiedelt wurden.

Das Danakil-Haus bereichert zudem das gastronomische Angebot des *egaparks*: Seien Sie gespannt auf eine leckere Verpflegung.

31

Barrierefreier Spielplatz
BELLA
Tettaustraße 4
99094 Erfurt

EIN ORT FÜR ALLE
Barrierefreier Spielplatz BELLA

Erfurt ist ein lebenswerter Ort für Familien mit Kindern. Damit dieser Standard für alle Kinder gilt und ihren unterschiedlichen Bedürfnissen gerecht wird, hat sich vor einigen Jahren die Elterninitiative BELLA (Barrierefrei in Erfurt Leben, Lachen, Anders sein) unter dem Motto »Inklusion beginnt im Sandkasten« gegründet. Mit dem klaren Ziel einen Spielplatz zu erschaffen, der jedem Kind zugutekommt und dabei öffentlich zugänglich und kostenfrei nutzbar ist. Neben der Stadt Erfurt wurde dieses Vorhaben von zahlreichen privaten Unterstützern finanziell und ideell getragen.

Realisiert wurde dieses Projekt in der Nähe vom Gothaer Platz, unweit des Luisenparks und des Flutgrabens, und 2017 eröffnet. Gut angebunden mit den Straßenbahnlinien vier und zwei überquert man von der Haltestelle Gothaer Platz nur zwei Fußgängerampeln und hat den Spielplatz erreicht, sodass auch beispielsweise Kinder im Rollstuhl leicht ankommen können. Außerdem stehen in der Nähe zwei behindertengerechte Parkplätze zur Verfügung.

Das Besondere am Spielplatz sind die Geräte, an denen noch mehr Kinder gleichzeitig stundenlang barrierefrei spielen können und niemand ausgeschlossen wird: Hier finden sich ein Rollstuhlkarussell und ein Sandspielbereich, dessen Tisch mit einem Rollstuhl unterfahrbar ist. Ein taktiler Geräteplan, der durch Brailleschrift ergänzt ist, verrät außerdem eine Königinnenschaukel, eine Drehscheibe und die beliebte Nestschaukel. Die angrenzenden Duftpflanzenbeete regen zudem die Sinne an.

Namensgeberin des Spielplatzes war Bella Benary, die Frau des ebenso sozial engagierten wie bekannten Erfurter Gartenbauunternehmers Ernst Benary. Der nach ihm benannte Platz liegt in Sichtweite. In der jüngsten Vergangenheit wurde der Spielplatz erweitert und stellt noch mehr Geräte und Platz für die Kinder zu Verfügung. Ein Ort, der alle Gäste willkommen heißt.

Für einen längeren Spielplatzbesuch lohnt sich das Vorbereiten eines Picknicks für Verschnaufpausen.

32

Espachpark und -teich
Zugang über Alfred-
Hess-Straße
99094 Erfurt

**Espach Café und
Restaurant**
Alfred-Hess-Straße 36a
99094 Erfurt
0361 78946818
www.espachcafe.de

IN BESTER GESELLSCHAFT

Espachpark und -teich

In Erfurts Brühlervorstadt gibt es einige grüne Perlen, die einen Besuch lohnen: In der Nachbarschaft vom Luisenpark, dem Benary-Platz, der Parkanlage an der Pförtchenbrücke und dem Flutgraben liegt der Spiel- und Bürgerpark am Espachteich. Er befindet sich auf dem Gelände des wahrscheinlich ersten Freibades der Stadt, das im 19. Jahrhundert seine Pforten öffnete – vorerst aber nur für die männliche Bevölkerung.

Heutzutage sind alle willkommen: Dieses Paradies für Entenfamilien wird von dem der Gera zugehörigen Walkstrom gespeist und kann sowohl von der Straße des Friedens als auch vom Flutgraben aus erreicht werden. Einen besonders schönen Blick auf das silbrig glänzende Stillgewässer und seine Bewohner hat der Spaziergänger, der die vielbefahrene Straße hinter sich lässt und am Teich zwischen den sorgfältig bepflanzten Beeten vorbeigeht. Im Sommer lockt der süßliche Duft der pinken Wildrosen. Eine kleine Rasenfläche lädt zum Umrunden ein. Vielleicht haben Sie auch Glück und ergattern einen Sonnenplatz auf einer der Bänke. Von hier aus ergibt sich die beste Sicht auf die anderen Spaziergänger und Radfahrer, die den Park durchqueren und sich in Richtung Luisenpark aufmachen.

Hinter dem Teich schließt sich ein gepflegter Sandspielplatz an, der vor allem durch das hölzerne Espach-Schiff Lust auf ein kleines Piratengefecht macht. Achtung: Entern! Familien finden hier einen schönen Rastplatz vor und kommen schnell in Kontakt mit anderen Spielplatzbesuchern. Gegenüber gibt es noch weitere Geräte, wie beispielsweise ein Kletterkarussell.

Über die kleine Brücke am Ende des Espachparks – Vorsicht, Gegenverkehr! – erreichen Sie die Espachpromenade, eine Allee wie aus dem Bilderbuch, die in den Luisenpark mündet.

Im neueröffneten Espach Café und Restaurant können Sie einen kulinarischen Zwischenstopp einlegen oder eine der Leckereien auch auf die Hand mitnehmen.

33

Flutgraben
Startpunkt für einen
Spaziergang:
Hauptbahnhof Erfurt
Willy-Brandt-Platz 12
99084 Erfurt

Franz Mehlhose
Löberstraße 12
99084 Erfurt
01577 8910083
www.franz-mehlhose.de

VON STATION ZU STATION
Spaziergang am Flutgraben

Um Erfurts Innenstadt vor Hochwasser zu schützen, wurde Ende des 19. Jahrhunderts der Flutgraben ausgehoben, der sich vom Papierwehr bis in die Andreasvorstadt zieht. Flussaufwärts gehend mit dem Startpunkt am Hauptbahnhof, kann man etwa die Hälfte der Strecke für einen Spaziergang oder als Joggingroute nutzen und von dort bis zum Endpunkt am Ende des Luisenparks laufen.

Von der Augustusbrücke hinter dem Hauptbahnhof reicht der Blick in die Flucht des Grabens und je nach Jahreszeit und Wetterlage lässt sich der Wasserstand der Gera erahnen. Im Herbst rankt tiefroter wilder Wein in den Baumästen am Ufer und zeigt, wie schön »Unkraut« sein kann. Weiter geht es immer parallel zu den Bahnschienen und zum Löberwallgraben entlang, gesäumt von farbenfrohen Blumenbeeten. Zwischendurch passieren Sie die Löberstraße und können die Thomaskirche von hinten bestaunen. Das Gotteshaus der evangelischen Thomasgemeinde zu Erfurt ist die einzige neugotische Stadtkirche der Landeshauptstadt. Mit 71 Metern darf sich ihr Turm als zweithöchster bezeichnen, lediglich überragt von der Severikirche neben dem Dom.

Anschließend kreuzen Sie die Puschkinstraße und kommen an vielen Bänken für kleine Pausen vorbei. Für Familien empfiehlt sich der Spielplatz vor der Pförtchenbrücke. Haben Sie diese passiert, entdecken Sie zur linken Hand eine Statue von Christian Reichart. Im Sommer ist der Fuß des Sockels umgeben von zahlreichen rosafarbenen Rosen. Zusammen mit anderen gilt Reichart als Wegbereiter für den gewerbsmäßigen Gartenbau und die Samenzucht, die Erfurt den Beinamen »Blumenstadt« verlieh.

Über den Friedrichssteg führt der letzte Teil des Weges bis zum Luisenpark über die Espachpromenade. Der Spaziergang am Flutgraben klingt im weitläufigen Luisenpark aus beziehungsweise am hinteren Ende am Wehr.

In der Nähe des Flutgrabens finden Sie das Club-Café *Franz Mehlhose*. Hier lässt es sich nicht nur lecker speisen, sondern abends auch wunderbar Kultur genießen.

34

Café Puschkin
Puschkinstraße 21
99084 Erfurt
0361 6000110
www.re4hostel.com

IM SCHATTEN DER THOMASKIRCHE
Café Puschkin

Erfurt bietet kleine und individuelle Cafés nicht nur in Innenstadtnähe, sondern wartet ebenso mit Perlen in den Stadtteilen auf. Eine solche ist das Café Puschkin unweit des Gera-Flutgrabens. Ein Besuch kann gut mit einem kleinen Spaziergang am grünen Gürtel der Stadt entlang verbunden werden.

In den wärmeren Jahreszeiten spendet der gemütliche Außenbereich zu fast jeder Tageszeit einen sonnengeschützten Platz. Hier lässt sich Sommerhitze aushalten und nebenbei die aufwändig und sorgfältig bepflanzte Terrasse genießen. Zwischen Hortensien und Rosen finden einzelne Besucher, in Begleitung eines Buches, aber auch größere Gruppen einen Platz. Die müssen nur noch aus dem vielfältigen Angebot von hausgemachten Kuchen, Eistees und anderen Leckereien wählen, die neben den schattenspendenden Pflanzenranken genossen werden können. Das Einzige, was die Cafégäste dann noch stören könnte, sind die tanzenden Lichtflecken, wenn sich die Sonnenstrahlen durch die Blätter der Begrünung stehlen und ihre Muster auf die Tische malen. Das Café Puschkin ist außerdem ein beliebter Anlaufpunkt für kleine und große Eisliebhaber, die auf dem Nachhauseweg nach dem Fußballtraining oder einem warmen Sommertag in einem der Parks im Süden der Stadt, noch ein Konditoreis auf die Hand mitnehmen. Viele Kuchen- und Eissorten sind übrigens für eine vegane Ernährung geeignet.

Geht die warme Saison langsam zu Ende, ziehen sich die Gäste in die Innenräume des Cafés zurück, das mit ausgewählter Vintagemöbel-Einrichtung besticht. Auf einem der gemütlichen, roten Sofas lässt es sich zusammen mit einem Cappuccino oder Espresso aus der Siebträgermaschine hervorragend einen Nachmittag verbringen oder ins Wochenende starten.

Kosten Sie auf jeden Fall den fluffigen, französischen Mandelkuchen mit ihrem Lieblingskaffeegetränk!

35

Luisenpark
und Botanisch-
Dendrologischer Garten

Startpunkt für einen
Spaziergang: Hohenzoll-
ernbrücke an der
Alfred-Hess-Straße
99094 Erfurt

la petite France

Straße des Friedens 8
99094 Erfurt
0361 2110900
www.das-kleine-
frankreich.de

ZWISCHEN BERG- UND WALKSTROM

Luisenpark und Botanisch-Dendrologischer Garten

Direkt an der Gera oder besser gesagt, gesäumt von Bergstrom und Walkstrom des Erfurter Flusses liegt der wahrscheinlich schönste Park der Stadt: der Luisenpark. Bei manchen auch bekannt unter dem Namen Dreienbrunnenpark. In ihm endet der Wanderweg am Flutgraben.

Besonders von Spaziergängern wird die Anlage mit ihrem alten Baumbestand gern genutzt, Radfahrer suchen sich ihren Weg zwischen den Flanierenden und im Sommer liegen Studenten zum Lesen oder Familien mit leckerem Picknick auf den Wiesen. Aufmerksame Läufer entdecken den vielleicht schiefsten Baum von Erfurt mitten auf einer der Wiesen. Der Luisenpark liegt direkt am Gerauffer, einmal kurz die Füße ins kalte Nass tauchen ist also kein Problem. Einen tollen Blick auf das sprudelnde Wasser, das aus dem Wehr spritzt, erhält man vom Papierwehr. Hier gibt der Bergstrom der Gera noch einen weiteren Arm frei: den Walkstrom. Am Papierwehr vorbei können motivierte Spaziergänger ihren Weg bis in den Ortsteil Hochheim verlängern.

Im Sommer startet im Luisenpark das berühmte Entenrennen; außerdem lässt sich eine Kanutour auf dem Walkstrom unternehmen, die zunächst am Dreienbrunnenbad startet und bis in die Altstadt an die Schlösserbrücke führt.

Oberhalb der Anlage und unterhalb des *egaparks* liegt der Botanisch-Dendrologische Garten. Dazu überquert man von einem der Wege eine kleine, überdachte Brücke und erreicht damit den in der Mitte des 20. Jahrhunderts zu Studienzwecken angelegten Garten. Besonders ins Auge fallen werden Ihnen die angelegten Terrassen, die von üppig bepflanzten Beeten eingefasst werden. Ab 1959 wurde hier die Pflanzenfamilie der Rosaceae kultiviert. Im Frühling blühen imposant in Rosa und Weiß riesige Kirschbäume. Sportliche nutzen die Treppen, die die verschiedenen Ebenen des Botanisch-Dendrologischen Gartens verbinden, gerne für Outdooreinheiten.

Die nächste leckere Einkehrmöglichkeit in der Nähe ist das französische Bistro *la petite France*. Hier sollte man am besten einen der köstlichen und frisch zubereiteten Flammkuchen probieren.

ternaufsicht!

36

Dreienbrunnenbad
Hochheimer Straße 35a
99094 Erfurt
0361 2252697
www.stadtwerke-erfurt.de

Informationen zum Bad:
**Förderverein Dreien-
brunnenbad e.V.**
www.dreienbrunnenbad-
ev.de

AB INS KALTE WASSER

Dreienbrunnenbad

Erfrischende Abkühlung im Sommer gefällig? Wer es beim Baden eher gemütlich und überschaubar mag, besucht nicht das riesige Freibad im Norden der Stadt, sondern zieht seine Bahnen im traditionsreichen Dreienbrunnenbad im Erfurter Süden. 1903 am Rande des Luisenparks eröffnet, ist das kleine Freibad mit einem großen Becken, unterteilt in Schwimmer- und Nichtschwimmerbereich, und den historisch und mächtig wirkenden Fachwerkhäusern drum herum heute bei Erfurtern beliebter als die anderen Bäder der Stadt. Die Temperatur des Wassers hier ist zwar deutlich geringer, dafür umso erfrischender. Im Hochsommer bietet das Bad damit eine gelungene Abkühlung; im Frühjahr oder in milderen Sommern ist das Becken teilweise wirklich nur für Hartgesottene geeignet. Manch vor Kälteschmerz verzerrtes Gesicht kann man als heimlicher Beobachter am Beckenrand wahrnehmen.

Auf den Liegewiesen spenden die großen Hecken und Bäume Schatten und machen einen Tag im *Dreier* zum besonderen Kurzurlaub. Für Kinder bieten kleinere Spielgeräte und ein knöcheltiefes Becken ausreichend Platz zum Spielen und Plantschen. Fans der Freikörperkultur haben im abgeschirmten FKK-Bereich ein eigenes Reich.

Wer nach dem Sonnenbaden noch Erholung braucht, kann bei einem Spaziergang durch den Luisenpark die Gedanken auf Reisen schicken und die historische Dreienbrunnenquelle auf der anderen Seite des Breitstroms besichtigen. Die einst drei getrennten Brunnen wurden Anfang des 19. Jahrhunderts zu einer Mineralquelle zusammengeführt. Mit Becher oder Trinkflasche probeweise den Flüssigkeitshaushalt auffüllen – auch wenn das Schild mit der Aufschrift »In größerem Maße genossen, wirkt [das Wasser] abführend« vielleicht kurz zweifeln lässt.

Für Leseratten bietet das Dreienbrunnenbad ein offenes Bücherregal. Einfach ein Buch heraussuchen und lesen. Nicht fertig geworden? Dann darf es ruhig mit nach Hause genommen werden.

37

Kressepark Erfurt
Motzstraße 8
99094 Erfurt
0361 7894413
www.kressepark-erfurt.de

ERFURTS BESTES FISCHBRÖTCHEN
Kressepark

Wer glaubt, frischen Fisch gibt es nur an der See, der sollte sich unbedingt auf zum Kressepark machen. Unweit des Luisenparks ist hier ein Ort voller interessanter Anbieter entstanden, eingebettet in eine Landschaft aus Teichen, Schilf und vielen Enten, die ihr Revier eingenommen haben.

Ein Highlight für Familien ist der kleine Streichelzoo, dessen Bewohner die Besucher gleich am Eingang von der Motzstraße her begrüßen. Ziegen und Hasen freuen sich auf behutsame Streicheleinheiten. Im Hofladen gibt es dann tatsächlich fangfrischen Fisch – ganz ohne Nähe zur Küste. Entweder können Sie gleich vor Ort auf der Terrasse – stilecht im Strandkorb – ein Fischgericht genießen oder aber das ganze Jahr über beispielsweise Bachsaiblinge, Forellen oder Karpfen für die eigene Küche erwerben. Damit kaufen Sie ein regionales Produkt: die Fischzucht erfolgt im thüringischen Themar und die Aufzucht in den Gewässern des Kresseparks.

Mit dem Blick auf die Historie des Kresseparks ist auch die Nähe zum Dreienbrunnenbad nicht uninteressant, denn sein Name geht auf den früheren Anbau der berühmten Erfurter Brunnenkresse zurück. Das leckere Gemüse – Sie können es etwa auf dem Wochenmarkt am Dom einkaufen – wurde hier von Christian Reichart im 17. Jahrhundert kultiviert. Die Pflanzen wuchsen in den sogenannten Kresseklingen und gediehen dank des Erfurter Dreibrunnen-Quellwassers genau an diesem Ort gut. Nur Napoleon I. war es gelungen, in Frankreich nach Erfurter Vorbild an zwei Stellen die Kresse zu ziehen – dies erfolgt bis heute.

Auf dem Gelände des Kresseparks finden Sportbegeisterte außerdem den *Blockpark*, eine Kletterhalle zum Bouldern – eine Disziplin des Sportkletterns ohne Seil und Gurt. Berufstätige können in den warmen Monaten ihren Feierabend am Mandala Beachclub beim »Afterwork« ausklingen lassen.

Im Hofladen steht ein Produkt zum Verkauf, das gleich zwei für Erfurt wichtige Komponenten enthält: der Brunnenkresse-Senf.

38

Stadtpark
Robert-Koch-Straße 20
99096 Erfurt

Süden
Tschaikowskistraße 21
99096 Erfurt
01525 6035470

STUFE UM STUFE

Stadtpark

Alle Besucher der Stadt, die mit dem Zug anreisen, werden als Erstes vom Stadtpark willkommen geheißen: Schon von den Bahngleisen des Hauptbahnhofs sieht man vis-à-vis die 99 Stufen, die in den Park führen. Wer sie erklimmt, kommt auf der imposanten Stadtparktreppe nicht nur an bunten, üppig bepflanzten Blumentöpfen, sondern auch am historischen Wasserspiel mit zwei plätschernden Wasserfontänen vorbei. Oben werden Sie mit weitflächigen Wiesen und besonderem Baumbestand belohnt: Kannten Sie bereits Amur-Korkbäume – diese färben sich im Herbst wunderschön goldgelb – und Maulbeerbäume? Ein prächtiges Exemplar von Letzterem steht im Park mit einem zwei Meter Durchmesser und wartet auf Ihren Besuch.

Anfang des 20. Jahrhunderts wurde der Stadtpark in der Löbervorstadt auf dem ehemaligen preußischen Festungsbauwerk angelegt und 2014 – fast 100 Jahre später – saniert. Die Wiesen des Stadtparks werden im Sommer gerne von Gruppen genutzt, die sich im Schatten der Bäume tummeln, picknicken oder den Platz für kleine sportliche Aktivitäten nutzen wie Federball oder Frisbee spielen. Einzelne flüchten bei steigenden Temperaturen aus ihren eigenen vier Wänden und genießen bei einem Buch den Wind, der durch den Park zieht. Dabei trägt dieser immer mal aus der Ferne die Durchsagen am Bahnhof herbei: »An Gleis zehn fährt ein: Der ICE nach Hamburg mit Halt in Berlin!«, schallt es dann leise rüber und lässt einen an die nächste Reise denken.

Auf Spaziergängen durch den sechseinhalb Hektar großen Stadtpark entdecken Sie verteilt in den Blumenbeeten Einzel- oder Gruppenskulpturen. Besonders lohnen sich der Teepavillon und der Sorgebrunnen – benannt nach dem Stifter Adolf Sorge – für eine Stippvisite. Familien können im südlichen Teil des Parks den Spielplatz nutzen. Hier schwingt es sich gut nebeneinander auf der Doppelschaukel. Standfeste können ihre Balance auf der Drehscheibe unter Beweis stellen.

Unter der Woche verwöhnt ein leckeres, frisches Mittagessen oder Kaffee und Kuchen im Café *Süden* unweit des Stadtparks die Gäste.

39

LAGUNE Erfurt
Werner-Uhlworm-Straße
20
99085 Erfurt
www.lagune-erfurt.de

ZUSAMMEN GÄRTNERN IN DER STADT
Stadtnaturgarten LAGUNE Erfurt

Hinter dichtem, grünen Blattwerk und einem Metallzaun versteckt sich in der Krämpfervorstadt der Stadtnaturgarten *LAGUNE* beziehungsweise die Lokale Aktionsgruppe Urbanes Naturerleben und ihre grüne Oase. Ungefähr 2.000 Quadratmeter misst die ursprüngliche Brache, die sich durch viel Arbeit und Gärtnerliebe seit 2008 zu einem Gemeinschaftsgarten verwandelt hat. Das Ziel dieses Projektes ist es unter anderem, die Natur in die Stadt zu holen und die Menschen für den Schutz von Boden und natürlichen Ressourcen zu sensibilisieren.

Dabei hat dieses Stück Land schon einiges hinter sich: Nachdem die *LAGUNE* zunächst ein Teil des Bundes für Umwelt und Naturschutz Deutschland (BUND) gewesen ist, drohte ihr 2018 die Schließung durch den geplanten Verkauf des Geländes. Nach Verhandlungen zwischen Stadt und Grundstückseigentümer konnte das Weiterbestehen des Gartens gesichert werden. Schließlich gründete sich der Verein *LAGUNE e.V.*

In der *LAGUNE* sind alle willkommen: Generationsübergreifend haben hier die Einwohner der Krämpfervorstadt und ganz Erfurts die Möglichkeit, sich einzubringen und an Hochbeeten ihr eigenes Gemüse zu säen, ziehen und ernten. Angeregte Gespräche und Austausch mit den Mitgärtnern gehören dabei einfach dazu. Die Gärten werden am Anfang der Saison vergeben und können dann bewirtschaftet werden. Das restliche Gelände unterliegt keinen Restriktionen, die Natur darf sich dort vollkommen frei ausbreiten. Dadurch entsteht ein regelrechtes Biotop, in dem verschiedenste Tiere und Pflanzen ein Zuhause finden. Doch bei den Beeten hört es nicht auf: Auf dem Gelände wurden ebenso eine Kompost-Toilette und ein Lehmofen gebaut, es gibt eine Bar und eine kleine Bühne. Immer wieder finden in der *LAGUNE* auch Veranstaltungen statt, wie beispielsweise Pflanzenbörsen oder ein *Repair Café*.

Donnerstags in der Saison können Neugierige zum wöchentlich veranstalteten Café Dunkelgrün kommen, sich über den Garten informieren und bei einem Getränk mit den Lagunauten austauschen – und vielleicht sogar selbst zu einem werden!

40

Urban Gardens
Geschwister-Scholl-Straße
12 und 55
99085 Erfurt

KLEINE BEETE GANZ GROSS
Urban Gardens

Gärtnern in der Stadt hat sich als Konzept in den letzten Jahren immer mehr durchgesetzt und erfreut sich einer eigenen Fangemeinde. Egal ob privat auf dem Balkon, im Innenhof oder auf städtischen Freiflächen: Wer keinen eigenen (Klein-)Garten hat, kann sich trotzdem an seinem grünen Daumen probieren. Dabei steht vor allem der Spaß am Gärtnern im Vordergrund. Ob es sich hierbei um Gemüse oder um Blumen handelt, ist fast egal.

Auch in Erfurt können Sie kleine Gärten entdecken, die unter das Urban Gardening fallen. Im Jahr 2017 wurde das Modellprojekt *Essbare Stadt* ins Leben gerufen, woraufhin erstmals an Standorten im Stadtgebiet kleine Minigärten angelegt wurden. Beispielsweise in der Magdeburger Allee und in der Geschwister-Scholl-Straße in der Krämpfervorstadt waren umfunktionierte Wassertanks im Einsatz und bildeten eine Behausung für Salat und Gemüse. Die erfolgreiche Aktion wurde Ende 2019 weitergeführt und die Erfurter konnten ihre Ideen bei einem Wettbewerb einreichen. Mittlerweile stehen die neuen Urban Gardens unter anderem im Dalbergsweg, am Löberwallgraben und auch am Moskauer Platz. Gebaut ist die zweite Generation aus alten Obstkisten von Fahner Obst. An diese Upcycling-Lösung reichen Kinder nun sehr gut heran und können selbst mitgärtnern. Denn die Minigärten werden von Paten bewirtschaftet und umsorgt und tragen dadurch zur Artenvielfalt und Biodiversität der Stadt bei. Beim Anpflanzen und Wässern von beispielsweise Tomaten, Kräutern oder verschiedenen Salatsorten kommen die Anwohner zusammen.

In der Geschwister-Scholl-Straße stehen die Urban Gardens vor den Hausnummern 12 und 55. Ganz in der Nähe befindet sich die *LAGUNE Erfurt* – die Lokale Aktionsgruppe Urbanes Naturerleben – der Partner der Aktion, der sich zusammen mit der Stadt um die Instandhaltung und Weiterführung des Projekts kümmert.

Als Guerilla Urban Gardening wird oft das wilde Verteilen von Pflanzensamen verstanden, zum Beispiel in Form von »Seedbombs«, also Samenbomben. Gerne werden hierfür bienenfreundliche Blumen verwendet.

41

Landschaftslehrpark
Fachhochschule Erfurt
Leipziger Straße 77
99085 Erfurt
www.fh-erfurt.de

IN DER NATUR LERNEN

Landschaftslehrpark der Fachhochschule Erfurt

Frei zugänglich und fast elf Hektar groß: Das ist der Landschaftslehrpark der Fachhochschule Erfurt. Trotz dieser beeindruckenden Ausmaße ist der großzügige, grüne Campus immer noch ein Geheimtipp, auch unter Einwohnern der Stadt. Der Außenstandort der Hochschule befindet sich in der Leipziger Straße und ist gut mit dem Auto, der Straßenbahn oder dem Rad aus der Innenstadt heraus zu erreichen.

Die frühere Ingenieurschule für Gartenbau gründete sich nach dem Zweiten Weltkrieg auf dem zerstörten Gelände der Samenbaufirma Haage & Schmidt. Im hinteren Teil des Areals finden Sie heute das Lehrgebäude, in dem Landschaftsarchitektur, Gartenbau und Forstwirtschaft unterrichtet wird, im linken Bereich große, grüne Wiesen. Zu rechter Hand liegen die Beete inklusive dem Arboretum, einer Sammlung von Gehölzen. Dort finden sich unter anderem viele Stauden, ein alter Trompetenbaum und ein naturnaher Teich. Letzterer kann durch einen hölzernen »Fernseher« betrachtet werden.

Erschrecken Sie sich nicht, wenn Sie die Wege durch die Beete betreten: Zu Ihren Füßen liegt keine meterlange Schlange, sondern nur einige Gartenschläuche, die auf ihren nächsten Einsatz zum Wässern warten. Es bietet sich an, auf den bemulchten Wegen vorsichtig an den Stauden und anderen Pflanzen vorbeizuschlendern und im Geiste kurz selbst zum Lernenden zu werden: Können Sie ein neues Gewächs entdecken? Was wächst am Teich, welches Blatt kennzeichnet welchen Baum? Was blüht zu welcher Jahreszeit?

Die große Wiese wird gerne von den Studierenden als Pausenort genutzt. Sie lernen auf den Bänken oder mitgebrachten Decken anhand des Landschaftslehrparks zum Beispiel neue Pflanzkonzepte, Baumkontrolle und Vermessungstechniken und können sich auch selbst an der Gestaltung des Gartens, dem sogenannten *grünen Lehrbuch* beteiligen.

Die weitläufigen Wiesen bieten sich für ein kleines, mitgebrachtes Picknick an!

42

Universität Erfurt
Nordhäuser Straße 63
99089 Erfurt
www.uni-erfurt.de

Campus Hilgenfeld
Nordhäuser Straße 63
99089 Erfurt

ALT UND JUNG ZUGLEICH

Campus der Universität Erfurt

Schon Luther wusste: Wer gut studieren will, der komme nach Erfurt! Das Zitat des Reformators ist allseits bekannt und wird gerne verwendet, wenn über die Universität berichtet wird. Aus eigener Erfahrung ist zu sagen: Es stimmt! 1994 wurde sie nach einer Unterbrechung des Lehrbetriebs als staatliche Hochschule neugegründet und gilt angesichts der ursprünglichen Gründung 1379 gleichzeitig als älteste und als jüngste Universität Deutschlands.

Im Norden der Stadt gelegen, vereint sie fast alle ihrer Gebäude auf einem Gelände. Um den grünen Campus verteilen sich die Bibliothek, Rechenzentren, Lehrgebäude, Mensa, Studentenwohnheime und Verwaltungsgebäude. Die Studierenden können Studiengänge an vier Fakultäten wählen und dabei ihren Bachelor oder Master machen oder später auch am Graduiertenkolleg promovieren.

Tagsüber laden die Wiesen Lernende und Lesende mit schattenspendenden Bäumen zum Bleiben ein. Hin und wieder spannen mutige Slackliner ihr Seil zwischen Baumstämmen und nutzen die Vorlesungspause sportlich. Auf den Beetbegrenzungen sitzen Kommilitonen mit einem Kaffee aus der Cafeteria Glasbox in der Hand und fragen sich, ob sie lieber in der Sonne sitzen bleiben oder doch noch in den Seminarraum ins Dachgeschoss des Lehrgebäudes vier huschen sollen – das Leben kann so schön sein.

Im Sommer finden abends auf dem Campus gemütliche Feste bei spät untergehender Sonne statt, die beispielsweise vom Studierendenrat oder den Fachschaften organisiert werden. Zu denen kommen nicht nur eingeschriebene Studierende, sondern auch solche, die sich noch als welche fühlen, ihr Studium schon abgeschlossen haben oder generell gerne mit Decke und Getränken versorgt auf dem Rasen sitzen und alte und neue Bekannte finden, um sich auszutauschen.

An die Bibliothek grenzt das Café *Campus Hilgenfeld* an: Mit etwas Glück findet man auf einer der roten Sitzbänke noch Platz für einen Kaffee oder Tee begleitend zur aktuellen Lektüre, Seminar- oder Laptoparbeit. Im Sommer gibt's auch Tische und Bänke im Freien.

43

Nordpark Erfurt
Auenstraße/
Adalbertstraße
99089 Erfurt

**Café und Coworking-
Space Kreativtankstelle**
Veilchenstraße 32
99092 Erfurt
0361 7961516
www.kreativtankstelle.net

IM NORDEN VIEL NEUES
Nordpark und Geraaue

Der größte öffentliche Park Erfurts liegt im Norden und heißt auch genau so: Nordpark. Zwischen dem Gelände der Klinik und der Gera liegt die neun Hektar große Grünanlage, die weitläufige Rasenflächen beherbergt und damit viel Platz für Sommergefühle bietet. Sie erreichen den Nordpark zum Beispiel über den Gera-Radweg oder Sie fahren mit der Straßenbahn bis zur Haltestelle Baumerstraße.

Der Nordpark geht auf Max Brommes Idee eines Volksparks zurück und wurde zu Beginn des 20. Jahrhunderts angelegt. Im Laufe der Jahre wurde er immer weiter vergrößert. Als Gegenpart zum Steiger im südlichen Teil der Stadt sollte auch auf der anderen Seite ein Naherholungsgebiet für die Bewohner entstehen. Wie die meisten Parks ist dieser noch heutzutage ein beliebtes Ziel im Sommer zum Sonnen, Skaten sowie Grillen, ebenso für sportliche Betätigungen wie Frisbee oder Federball spielen – ganz im Sinne Brommes. Gern halten sich zudem Hundebesitzer mit ihren Fellfreunden auf der dafür vorgesehenen Freilauffläche auf. Außerdem befindet sich hier das Nordbad, Erfurts größtes Freibad, welches sowohl für Sportliche als auch Spaßbadende gleichermaßen eine Anlaufstelle bildet.

Bis 2021 werden der Park sowie die angrenzende Geraaue umgebaut und aufgewertet: Zwischen dem Nordpark und dem Kilianipark werden die bereits bestehenden kleineren Grünanlagen erweitert, sodass auf einer Länge von fünf Kilometern ein verbindendes, grünes Netz mit einer Größe von 60 Hektar entsteht. Dazu wird ebenfalls der Gera-Radweg erneuert sowie eine Terrasse am Fluss am chemaligen Klärwerk geschaffen, um den Zugang zum Wasser genießen zu können. Geplant sind außerdem Motorik-Bereiche mit Fitnessgeräten und sogar Obstwiesen zum Pflücken und Probieren.

Nach einem Spaziergang durch den Park können Sie über die Treppenstraße einige Höhenmeter erlangen und danach gegenüber Ecke Veilchenstraße/Nordhäuser Straße eine Erfrischung in der *Kreativtankstelle* genießen.

44

Abenteuerspielplatz
Mühlgraben/Nördliche
Geraaue
Lobensteiner Straße 34
(mit dem Auto via Talliner
Straße)
99091 Erfurt

SCHIFF AHOI!
Abenteuerspielplatz am Mühlgraben

Familien mit kleinen Abenteurerinnen und Entdeckern sollten einen Besuch am Abenteuerspielplatz im Erfurter Norden einplanen. Für einen kurzen Zwischenstopp während einer Fahrradtour an der Gera-Aue eignet sich der Spielplatz genauso gut, wie für einen ausgedehnten Vormittag oder einen geplanten Kindergeburtstag.

Schon von Weitem kann man die vielseitigen Spielgeräte erkennen, die aus buntem Stahlrohr und Holz gefertigt sind. Ebenso sticht sofort die große Schwingschaukel ins Auge, die sich über einen tiefen Reifenabgrund zieht – Piratin, bereit zum Meutern? Wer traut sich, über den Graben zu schwingen, in dem sich vielleicht sogar grüne Klapperkrokodile verstecken?

Wer es lieber erst langsam angehen lassen möchte oder den Großen aus sicherer Entfernung beim Toben zuschauen mag, der kann seiner Fantasie in den bunten Zelten aus Holz freien Lauf lassen. Dabei ist das Gelände für Eltern gut überschaubar und gibt den Kindern trotzdem den Raum, eigenständig zu spielen. Kinder und die, die sich noch als solche fühlen, freuen sich außerdem über eine Sechseck-Reifenschaukel und einen Kletterfelsen. Sie können ihren Mut und ihre Balance zudem auf dem Gurtsteg und einer Hängebrücke testen.

Im vorderen Bereich des Spielplatzes befinden sich außerdem eine Rutsche und ein sauberer Sandkasten. Diese beiden Geräte können einfach eingesetzt werden für Spiele mit kleineren Familien- oder Geburtstagsgruppen. Für das kurzweilige Spiel »Langer Atem« werden nur Tischtennisbälle benötigt. Jeweils in Paaren versuchen die Mitspieler, einen Tischtennisball eine Rutsche hinauf zu pusten. Der Name ist Programm: hier ist ein langer Atem vonnöten – und eine gute Taktik. Der Schiedsrichter misst die Zeit. Welchem Team gelingt die Aufgabe – und das auch noch in der kürzesten Zeit?

Der Spielplatz bietet viel Spaß und Beschäftigung für mehrere Stunden, aber wenig Schatten. Achten Sie im Sommer auf ausreichenden Sonnenschutz oder bringen Sie sogar ein Sonnensegel oder -schirm mit.

45

**Kräutergärtnerei
Valeriana**
Blumenstraße 25
99092 Erfurt
www.valeriana-kraeuter.de

Goldhelm Werkstattladen
Kreuzgasse 5
99084 Erfurt
0361 6441880
www.goldhelm-
schokolade.de

JEDEM KRAUT GEWACHSEN
Kräutergärtnerei Valeriana

Schnittlauch, Petersilie, Rosmarin – ohne Kräuter geht in der Küche nichts. Dass es aber noch eine ungeahnt größere Welt abseits dieser bekannten Blättchen und Stängelchen gibt, kann man in Erfurts Kräutergärtnerei Valeriana entdecken, die über 700 verschiedene Küchen-, Heil- und Rauchpflanzen bereithält.

Getauft auf den Namen Valeriana hat sich die Kräutergärtnerei in Anlehnung an den botanischen Namen des Baldrians (*Valeriana officinalis*). Der Titel ist Programm: Durchschreitet man das grüne Tor zur Gärtnerei, kommt man zur Ruhe und kann sich für die Zeit seines Aufenthalts ganz auf die Eindrücke konzentrieren. Nach dem Eingang wachsen im Schatten der Sträucher schon einige Kräuter, die dort ihren perfekten Lebensraum finden. Dahinter erstreckt sich eine große Wiese mit Reihen voller Pflanzen: Einige sind wohlbekannt, von anderen hat man gehört und dann gibt es noch die Exemplare, die dank ihrer Sortenvielfalt pures Staunen hervorrufen.

Schmecken, Riechen, Anfassen: Das Angebot der Gärtnerei fordert alle Sinne. Da kann es schnell passieren, dass man sich wie Alice im Kräuterwunderland zwischen den bepflanzten Gabionen-Reihen verliert – kein Problem, denn bei Valeriana gibt es nicht nur eine riesige Auswahl, sondern auch aufmerksame und fachkundige Gärtnerinnen. Die haben für jede Frage eine Antwort und halten Pflanzenvorschläge bereit, sei es für kleine Balkons oder ganze Kräuterbeete.

Dass man mit Kräutern von Valeriana nicht nur kochen kann, beweisen die leckeren Eissorten, die von Erfurts beliebter Schokoladen und Eismanufaktur Goldhelm hergestellt und auf der Krämerbrücke verkauft werden. Geschätzte Zutaten für die kalte Erfrischung sind zum Beispiel das *Australische Zitronenblatt* oder die *Koreanische Minze*.

Meine persönlichen Lieblingskräuter sind der Zitronenthymian, der immer wieder mit Duft und Geschmack überrascht, und der rote Basilikum, der optisch auf jedem Teller etwas hermacht. Entdecken Sie Ihr eigenes Lieblingskraut!

46

Kakteen-Haage
Blumenstraße 68
99092 Erfurt
0361 2294000
www.kakteen-haage.de

**Madame Pfleger's Seifen-
lädchen**
Lange Brücke 1
99084 Erfurt
0361 6634258
www.seifenladen-erfurt.de

VON ERFURT IN DIE GANZE WELT

Kakteenzucht *Kakteen-Haage*

Dass Erfurt auch eine Stadt der Superlative ist, beweist neben anderen Rekorden die hier ansässige älteste Kakteenzucht der Welt. Die Familie Haage arbeitet seit 1685 als selbständige Kakteengärtnerei und kann so auf über 300 Jahre Firmengeschichte und Expertise für stachelige Mitbewohner zurückschauen.

Wer – thematisch passend – die Blumenstraße Richtung Norden mit dem Rad oder Auto fährt, gelangt am Ende zu den Gewächshäusern und Verkaufsflächen der Kakteenzucht. Schon im Eingangsbereich werden die Besucher von bewachsenen Beeten begrüßt, in denen teils mannshohe Pflanzen ihr Zuhause gefunden haben. Rechts dahinter stehen die imposanten Glashäuser – über 3.500 Arten werden angeboten. Wer hätte gedacht, in wie vielen verschiedenen Grüntönen und Größen die Pflanzen zu haben sind? Von klein wie ein Fingernagel bis weit über den eigenen Kopf hinaus ist alles dabei.

Einfach durch die Gänge und Gewächshäuser treiben lassen und die verschiedenen Arten bestaunen: riesige, runde Klassiker wie der Schwiegermuttersitz oder zarte Exemplare der Luftpflanze Tillandsie, die mit ihren Kollegen von Erfurt aus in die ganze Welt geliefert wird. Mit etwas Glück streift der sympathische Geschäftsführer und Kakteenexperte Ulrich Haage selbst über das Gelände und spendiert einen Tipp für das heimische Pflanzenensemble. Aber auch die anderen Mitarbeiter stehen gerne für einen Rat zur richtigen Auswahl oder Pflege der neuen Errungenschaft zur Seite.

Einmal im Jahr geht es den Gewächsen allerdings an den Kragen: Da veranstaltet Ulrich Haage sein berühmtes Kakteenessen, bei dem jeder Gang essbare Kakteen beinhaltet. Sogar der Thüringer Klassiker kann in einer Neuauflage der »Kakteenbratwurst« verkostet werden.

Wer es nicht aus der Innenstadt schafft, der begutachtet die Pflanzkästen der Barfüßerkirche, die regelmäßig von *Kakteen-Haage* befüllt werden oder schaut bei *Madame Pfleger's Seifenlädchen* an der Langen Brücke vorbei, das eine kleine, feine Auswahl der Haag'schen Pflänzchen verkauft.

47

Rose Saatzucht Erfurt
Im Geströdig 9
99092 Erfurt
0361 7852211
www.rose-saatzucht.de

organics
Andreasstraße 35
99084 Erfurt
0361 66349210
www.bioladen-erfurt.de

SÄEN MIT VERANTWORTUNG

Rose Saatzucht

Wie bunte Bänder bespannen abertausende Blüten die Felder und begrüßen die Einfahrenden, die die Stadt vom Norden her erreichen. Nicht verwunderlich ist also, dass Erfurt schon seit dem Mittelalter den Beinamen Blumenstadt trägt. Für die Saatzucht werden bis heute die Blütenköpfe der Pflanzen lange stehen gelassen, sodass das Umland der Stadt ab dem Frühling in vielen Farben erstrahlt. Auf den Feldern der Saatzucht Rose blühen beispielsweise Pfingstrosen, Mohn und Astern. Seit 1993, damals hervorgegangen aus den Saatgutbetrieben der ehemaligen DDR, wird hier gezüchtet, gesät und vermehrt – und das überwiegend in Demeterqualität. Annegret Rose und ihr Team verantworten den professionellen Samenanbau von Blumen, Kräutern und Gemüse, das Kerngeschäft der Saatzucht. Die Diplom-Ingenieurin vertreibt das Saatgut über die Bingenheimer Saatgut GmbH, das für den heimischen Garten etwa beim Naturkostladen *organics* am Erfurter Domplatz oder im Bioladen *Clärchen* gekauft werden kann.

Die richtige Auswahl und Qualität unserer Lebensmittel hält uns gesund und versorgt den Menschen mit allen Nährstoffen. Der Betrieb von Annegret Rose verfolgt deswegen eine wichtige Mission: die Herstellung von ökologischem Saatgut in Mitteleuropa zu erhalten. So wird sichergestellt, dass es gentechnisch nicht verändert wird und sich gut den Widrigkeiten seiner Herkunft anpassen kann. Die Saatzucht Rose kümmert sich mit ihrer Arbeit auch um die hochwertigen Böden in und um Erfurt. Durch deren gute Qualität kann sicher und nachhaltig für die kommenden Generationen gewirtschaftet werden. Durch den verantwortungsvollen Umgang mit den Pflanzen und der Pflege von Tradition im Saatgutanbau wird wortwörtlich der Samen für die Zukunft gepflanzt.

Regelmäßig finden auf dem Gelände Feste oder Rundgänge durch die Felder im Marbacher Umland statt, Informationen erteilt die Website der Saatzucht.

Die Pfingstrosen als Schnittpflanzen werden in der Saison regelmäßig auf dem Wochenmarkt am Domplatz verkauft. Halten Sie die Augen offen!

48

Hauptfriedhof
Binderslebener
Landstraße 75
99092 Erfurt

EWIG RUHIG
Erfurter Hauptfriedhof

Die Natur bei einem Spaziergang erfahren und eine friedliche Zeit im Grünen verbringen: Hierfür kommt einem nicht unbedingt ein Friedhof in den Sinn. Der Erfurter Hauptfriedhof belehrt den Ruhesuchenden jedoch eines Besseren. In erster Linie ist er die letzte und würdevolle Ruhestätte für Verstorbene, eignet sich darüber hinaus aber auch für wohltuende, ruhige Stunden.

Wer nicht aufgrund eines Trauerfalls oder für einen Grabbesuch auf das Gelände kommt, der kann sich nach dem Tor auf die vielen Wege und kleinen Abzweigungen begeben, die sich vor einem eröffnen.

1914 wurde der Hauptfriedhof geweiht und ist insgesamt 60 Hektar groß. Rund 7.000 Bäume auf dem Areal fungieren nicht nur als Friedhofsgrün, sondern tragen ebenso zu einer klimafreundlichen Zone in der Stadt bei: Die Bestandsbäume dienen zur Beschattung, Staubbindung und als Verdunstungsschutz. Dabei finden sich auf dem Friedhof mitunter besondere Arten: der Kolchische Ahorn, der Silberahorn, die Bergulme, die Weymustkiefer oder die Amerikanische Linde, die Zerreiche und der Ginkgo. Als Lebensräume für verschiedene Vögel wie Greifvögel, Finken, Kauz und Kleiber, aber auch für Eichhörnchen und Fledermäuse sind die grünen Riesen wichtig.

Auf der langen Kastanienallee sorgen an einem sonnigen Tag unzählige Lichtflecken auf dem Boden für eine besondere Stimmung. Rechts und links davon liegen Ehrenhaine, gepflegte Grabfelder sowie die Feierhalle. Im unteren Teil des weitläufigen Friedhofs findet man die Baumgräber und naturbelassenen Gräber.

Ein respektvolles Verhalten auf dem Friedhof gehört bei einem Besuch ebenso dazu wie ausreichend Zeit, um in sich zu gehen.

Unterhalb des Hauptfriedhofs können Sie von der Binderslebener Landstraße einen tollen Blick über die Stadt genießen.

49

Schwedenschanze
Auf der Schanze
99092 Erfurt

Gasthaus Helbig
Röderweg 36
99092 Erfurt
www.gasthaus-helbig.de

HIER LIEGT DIE STADT ZU FÜSSEN
Schwedenschanze

Kurz bevor die Flugzeuge am Flughafen den Boden berühren, überfliegen sie zum Greifen nah die Schwedenschanze. Hoch über Erfurt im Westen gelegen, bietet dieses grüne Fleckchen Erde so viel sich selbst überlassene Natur, wie es in der Landeshauptstadt nur ausgewählt zu finden ist.

Die Schwedenschanze diente, wie es der Name erahnen lässt, den Schweden im 17. Jahrhundert als Stützpunkt, von dem aus sie die Stadt belagern und attackieren konnten. Heute ist es ein friedliches Plätzchen, auf dem man nur selten andere Menschen zu Gesicht bekommt. Und genau diese Abgeschiedenheit macht ihren Charme aus.

Zu Fuß ist die Schwedenschanze am besten mit einem gemütlichen Spaziergang, entweder vom *egapark* oder dem Hauptfriedhof, beides sind auch Straßenbahnhaltestellen, zu erreichen. Vom *egapark* aus sind es rund 60 Minuten zu Fuß; vom Friedhof aus circa 20 Minuten. Der Kleingartenwanderweg bietet zudem eine gute Orientierung und führt direkt über die Schwedenschanze. Dort angekommen laden weite Wiesen zum Picknicken ein. Der Wanderrucksack sollte also schon vorab gefüllt sein. Allerdings warten vor Ort, je nach Jahreszeit, die Früchte der Kirsch- und Apfelbäume sowie der riesigen Brombeersträucher darauf, heimlich von Naturliebhabern vernascht zu werden.

Der Blick auf Erfurt ist einzigartig: Dom, Severikirche, Zoopark und selbst der Glockenturm an der Gedenkstätte Buchenwald nahe Weimar sind von hier aus gut zu erkennen. Auf dem Weg zurück in die Stadt gerne ein Blick über die Gartenzäune der Kleingartenanlagen werfen. Liebevoll pflegen hier Erfurter aller Altersklassen die lokale Gartenbautradition. Allzu oft freuen sie sich über einen kleinen Plausch und verschenken auch gerne selbst gezüchtetes Obst und Gemüse über den Gartenzaun hinweg.

Ob für Kaffee und Kuchen oder zünftige Hausmannskost – auf dem Weg zurück ins Tal lohnt sich eine Pause im Gasthaus Helbig. Auf der Terrasse kann man noch einmal den phänomenalen Ausblick genießen.

50

Ein **Selbstpflückfeld**
betreibt auch der
Erdbeerhof Gebesee
Lange Straße 66
99189 Gebesee
036201 57990
www.erdbeerhof-
gebesee.de

ABER BITTE MIT SAHNE

Erdbeerfelder im Erfurter Umland

Mit gebeugtem Rücken geht es Schritt für Schritt durch die schmalen Wege auf den Feldern – immer auf der Suche nach einer großen, rot leuchtenden Frucht. Wir heben Blätter an, begutachten unsere Fundstücke und legen die gut aussehenden anschließend in einen mitgebrachten Korb. Nach einer Stunde ist er voll, der Rücken schmerzt ein wenig und die eine oder andere Erdbeere hat den Weg nicht auf die Waage am Eingang, wohl aber in den eigenen Magen gefunden. Wir sind glücklich und zu Hause kann nun frische Marmelade gekocht werden.

Natürlich schmecken die selbst geernteten Früchte viel besser als die im Supermarkt gekauften. Die körperliche Arbeit muss sich schließlich im Geschmack des Endergebnisses widerspiegeln. Ob als Kuchen, Konfitüre oder Strudel – mit den frischen Früchten lässt sich eine schier unendliche Anzahl an Rezepten verwirklichen. Gott sei Dank gibt es im Frühsommer nicht nur in der Stadt unzählige Verkaufsstände, sondern im Umland viele Möglichkeiten, um eigenhändig Erdbeeren zu pflücken.

Ob von der Gärtnerei Gloria, dem Erdbeerhof Gebesee oder einem der anderen Erzeuger: Fast jeder Erfurter hat seine bevorzugte Sorte, die rund um die Stadt auf vielen fruchtbaren Feldern angebaut wird, auf dem Markt gekauft oder höchstpersönlich geerntet werden kann. Da hilft nur, sich ein eigenes Bild zu machen und die unterschiedlichen Angebote vorab zu testen. Wichtiger Tipp: Nicht mit anderen über den Geschmack diskutieren, denn bei diesen Gesprächen tun sich Welten auf.

Gerade für Familien ist ein Abstecher auf eines der Felder im Umland ein großer Spaß. Von der Innenstadt aus sind die meisten Felder in unter 30 Minuten per Rad oder Auto zu erreichen. So wird die Selbstversorgung zum schönen Familienausflug am sonnigen Sommerwochenende.

Im Feldcafé neben dem Feld auf dem Erdbeerhof Gebesee können frisch gebackene Kuchen direkt nach getaner Arbeit verzehrt werden.

51

ApfelGut Erfurt
Rhodaer Chaussee
(kurz vor dem Waldhaus in
den Wald einbiegen)
99094 Erfurt
0361 34329268
www.apfelgut-erfurt.de

Waldhaus
Rhodaer Chaussee 12
99094 Erfurt
0361 3459320
www.waldhaus-erfurt.de

ERFURTS BULLERBÜ

ApfelGut im Steigerwald

Es gibt Orte, die durch Menschen und deren Ideen zu einem ganz besonderen Kleinod werden. So verhält es sich mit dem *ApfelGut*, ein altes Bauernhaus, das von den Besitzern in sorgfältiger Arbeit nach und nach saniert wurde, sodass sie für sich selbst eine Art Erfurter Bullerbü geschaffen haben. Ein bisschen versteckt im Steigerwald zwischen dem *NaturErlebnisGarten Fuchsfarm* und Waldhaus an der Rhodaer Chaussee finden Sie den Hof der Familie Wiedenstritt. Neben der eigenen Nutzung des Hauses und des Geländes öffnet sie gelegentlich die Pforten für Besucher, Kindergruppen, private Veranstaltungen oder Erlebnis- und Bildungskurse.

Die Besitzer des *ApfelGuts* sind beide Landschaftsarchitekten und damit bestens gerüstet für den Umbau der Freiflächen, des Hauses und der Scheune. Dabei gibt es immer etwas zu tun. Wenn ein Projekt fertig gestellt ist, folgt das nächste: Marlén und Dirk Wiedenstritt restaurieren schonend und wollen unbedingt den ursprünglichen Charakter des Hauses beibehalten. Besonders erwähnenswert: der Außenbereich mit der sechs Hektar großen Streuobstwiese, die um die 60 verschiedene Apfel- und einige andere Obstsorten beherbergt und dem *ApfelGut* seinen Namen gibt. Auch alte Sorten wachsen hier, die beispielsweise für Allergiker gut verträglich sind. Die Wiese ist zudem Lebensraum für einige Bienenvölker und wird von vielen flauschigen Rasenmähern gepflegt: Eine Schafherde grast hier regelmäßig.

Das *ApfelGut* lädt etwa am Tag der Offenen Gärten ein, Interessierte können aber auch an Skulpturen-Seminaren oder Kursen zur Baumpflege teilnehmen, die immer wieder von Experten veranstaltet werden. Informieren Sie sich im Vorhinein oder melden Sie sich außer der Reihe bei Familie Wiedenstritt, wann ein individueller Besuch möglich ist.

Verbinden Sie einen Besuch beim *ApfelGut* mit einer Einkehr am nahe gelegenen Waldhaus oder einem Abstecher zum *NaturErlebnis-Garten Fuchsfarm* im Steigerwald.

52

**NaturErlebnisGarten
Fuchsfarm**
Krummer Weg 101
99094 Erfurt-Bischleben
0361 6552559
www.fuchsfarm-erfurt.de

Ausflugslokal Namenlos
In der Kleingartenanlage
»Am Bachstelzenweg«
Krautland
99094 Erfurt-Bischleben

NEUGIERIG DEN WALD ERKUNDEN
NaturErlebnisGarten Fuchsfarm im Steigerwald

Als Stadtforst ist der Steigerwald üblicherweise gut besucht und ein beliebtes Ziel, um sich im Grünen die Beine zu vertreten. Dennoch begegnet man nicht ständig anderen Spaziergängern, wenn man am Wochenende das feste Schuhwerk schnürt und zur Wanderung aufbricht; ausreichend Wege garantieren den Stadtflüchtenden genug Ruhe und Einsamkeit. Ein schöner Startpunkt für eine solche Walderkundung ist der Erfurter Stadtteil Bischleben. Rund um die Kleingartenanlage *Am Bachstelzenweg* finden Sie gut einen Parkplatz und können Ihre Wanderung Richtung Jugendhaus St. Sebastian starten.

Von dort aus ist es, nach einem steilen Aufstieg, nicht mehr allzu weit bis zum *NaturErlebnisGarten Fuchsfarm*. Die weitläufige Anlage ist eine Bildungsstätte der Stadt Erfurt, die Schulklassen sowie Einzelbesuchern und Familien offen steht. Ob Lagerfeuer, Naturbeobachtung am Teichufer oder das Anlegen eines kleinen Gartens – auf der *Fuchsfarm* können kleine und große Entdecker ihren grünen Daumen erproben und vielerlei über die heimische Natur erfahren. Was im Alltag in der Stadt oft zu kurz kommt, kann hier hautnah erlebt werden.

Für die Umweltbildung zeichnet die Stadt Erfurt sowie ein aktiver Förderverein verantwortlich. Interessierte Besucher sollten sich vorab auf der Webseite über anstehende Veranstaltungen und Angebote informieren. Aber auch für eine kurze Verschnaufpause auf halber Wanderstrecke ist die *Fuchsfarm* ein passender Ort, der einladend seine Pforten öffnet.

Auf der Tour durch den Steigerwald sollten Sie stets ein waches Auge auf die versteckten Seen im Wald werfen, die sich entlang der Wege hinter Moos und unter Algen gut tarnen. An diesen Biotopen einfach dem Forscherdrang freien Lauf lassen und die Natur in aller Ruhe beobachten.

Nach der Wanderung unbedingt ins Ausflugslokal Namenlos in Bischleben einkehren und den selbst gebackenen Kuchen sowie eine erfrischende Limonade probieren.

53

**Freizeit- und Erholungs-
park Nordstrand e.V.**
Zum Nordstrand 4
99085 Erfurt
0361 7968764
www.nordstrand-erfurt.de

BAYOU-Festival
www.bayou-store.de

KURZURLAUB AM STADTRAND

Nordstrand Erfurt

Was kommt Ihnen in den Sinn, wenn Sie an Urlaub denken? Strand? Wanderwege? Abenteuer? All das – und noch mehr – wartet am Erfurter Nordstrand auf Sie. Eine ehemalige Kiesgrube, die 1972 geflutet und seitdem als Erholungsgebiet genutzt wird und die weit mehr bietet als nur eine Bademöglichkeit. Aber selbst diese erinnert stark an die erholsamen Tage am Strand in Südeuropa, denn das Ufer ist entlang des zentralen Badeabschnittes mit hellem, in der Sonne leuchtendem Sand aufgeschüttet. Das Wasser ist sehr klar und lädt zum Schwimmen und Abkühlen ein. Am Sandstrand bauen Kinder Burgen, sammeln erste Badeerfahrungen mit Schwimmflügeln und beobachten neugierig die sportlichen Beachvolleyballspieler beim Schmettern und Pritschen.

Abenteuerlich wird es auch beim Wasserski fahren auf der eigens dafür aufgebauten Anlage oder auch beim Tauchen in den Tiefen des Sees. Schätze wurden dabei leider noch nicht entdeckt; fürs Üben vor dem richtigen Sommerurlaub ist der Nordstrand aber die richtige Adresse. Im Internet können Kurse und Schnuppertauchangebote vorab gebucht werden.

Wer es gemütlicher mag, kostet einen Cocktail auf der Sonnenterrasse des Beachclubs, bräunt sich auf der Liegewiese oder nutzt den Ausflug an den Nordstrand, um bei einer kleinen Wanderung die Umgebung zu erkunden und mehr über Flora und Fauna auf dem Naturlehrpfad zu erfahren. Entlang der Wege gibt es immer wieder Gelegenheiten, die Füße (oder auch mehr) im kühlen Seewasser zu erfrischen oder entspannt beim Picknick die Ruhe am Ufer zu genießen.

Der Nordstrand ist von der Innenstadt aus der nächstgelegene Badesee und kann auch mit dem Bus oder der Straßenbahn, in Verbindung mit einem kleinen Spaziergang, schnell und einfach erreicht werden.

Fans von elektronischer Musik können sich einmal im Jahr auf das BAYOU-Festival am Nordstrand freuen, zu dem auch international bekannte DJs ihren Weg nach Erfurt finden.

54

Thüringer Zoopark Erfurt
Am Zoopark 1
99087 Erfurt
0361 6554151
www.zoopark-erfurt.de

IN EINEM TAG UM DIE ERDE
Thüringer Zoopark Erfurt

Tiere aus aller Welt erwarten die Besucher im Zoopark Erfurt im Norden der Stadt. Ob Erdmännchen, Giraffen und Leoparden aus Afrika oder Kühe, Schweine und Esel aus dem eigenen Bauernhof – für Fans von haarigen Vierbeinern gibt es allerhand zu sehen. Schnell fällt auf, wie weitläufig das Gelände angelegt ist. Auf rund 63 Hektar (damit ist er der drittgrößte Zoo in Deutschland) leben nicht nur zahlreiche Tiere; speziell Kinder dürfen sich auf dem Hochplateau auf einen großen Spielplatz und ein Streichelgehege mit Ziegen und anderen Kleintieren freuen. Der großzügig gestaltete Pausenbereich lädt ein zum Picknicken, Toben und Spielen.

Seit 1959 schlendern jedes Jahr Tausende Tierfreunde über das Areal, das sich stetig wandelt. Was bis vor wenigen Jahren noch das Elefantenhaus war, ist heute ein multimediales Umweltzentrum. Die schwerfälligen Dickhäuter wohnen seit 2014 auf einer deutlich größeren, neuen Anlage und fühlen sich dort so wohl, dass 2020 der erste Nachwuchs geboren wurde. Kaum ein Zoo in Deutschland bietet Elefanten so viel Auslauf und lässt die Besucher dabei so nah an die Tiere heran.

Das Highlight auf dem Spaziergang durch die Anlage ist sicherlich der Affenberg. Verschlungene Wege führen quer durch das Gehege der Berberaffen – wenn nicht einer der tierischen Bewohner den Weg versperrt. Auch hier können sich Tierfans regelmäßig auf Nachwuchs freuen, der ganz aus der Nähe betrachtet werden kann. Ein Tag mit Löwen, Giraffen und Flamingos vergeht schneller, als es einem lieb ist. Und doch reicht der Tag aus, um alle Ecken des Geländes in aller Ruhe zu erkunden.

Der Zoopark ist mit der Straßenbahn zu erreichen. Vom Stadtzentrum aus ist man mit ihr in rund 20 Minuten direkt vor dem Eingang.

Im Bistro *Hakuna Matata* erwartet die Besucher ein klassisches Imbiss-Angebot. Wer auf gesunde und kreative Ernährung steht, packt sich besser zu Hause den Rucksack und genießt den eigenen Mittagssnack.

55

Maislabyrinth Erfurt
(Juni–September)
Demminer Straße 30
99091 Erfurt
0174 7716305
www.maislabyrinth-
erfurt.de

You Bottle
Dalbergsweg 11
99084 Erfurt
0361 5512838

MISSION: AUSGANG FINDEN
Maislabyrinth

Wer dem Erfurter Großstadtdschungel entfliehen und sich einem kleinen Abenteuer stellen möchte, der ist im Maislabyrinth im Erfurter Norden richtig aufgehoben. Mutige können sich von Juni bis September einem immer neuen Labyrinth im Maisfeld stellen. Die Aufgabe: Nicht nur wieder herausfinden, sondern auch alle im Feld versteckten Buchstaben entdecken und in die richtige Reihenfolge bringen. Wer das Lösungswort errät, hat am Ende der Saison die Chance, einen Preis zu gewinnen.

Was einfach klingt, kann doch kompliziert werden, sobald man nach einigen Abzweigungen die Orientierung verloren hat. Hilft die kleine Schatzkarte, die man als Eintrittskarte erhält, nicht weiter, empfiehlt es sich, den Aussichtsturm im Labyrinth aufzusuchen und sich von oben eine Übersicht zu verschaffen. Sobald man den Blick vom Wegenetz im dichten Grün lösen kann, eröffnet sich die wunderschöne Aussicht auf das Erfurter Umland. Kleine Dörfer liegen rund um die Landeshauptstadt und der Flughafen lässt vom nächsten Urlaub träumen.

Neben der Suche nach dem richtigen Weg aus dem Labyrinth lädt das Team auch regelmäßig zu Konzerten, Lesungen und vielem mehr im Gastro-Bereich ein. Dazu kommen Lagerfeuerabende, Beachvolleyball und vieles mehr. Die Sehnsucht nach Urlaub ist dann schnell wieder hinfällig; lieber verweilt man einen Abend hier mit Freunden.

Vor Ort warten diverse Speisen und Getränke auf erschöpfte Gäste nach der Flucht aus dem Labyrinth. Ob gemütlich im Liegestuhl oder auf der Bierbank am lodernden Feuer: Die Zeit vergeht hier wie im Flug und macht das Maislabyrinth zu einem lohnenden Ausflugsziel an einem Sommerabend. Mit dem Rad lässt sich das Maislabyrinth in knapp 25 Minuten aus der Innenstadt heraus erreichen. Auch die Öffentlichen machen in Verbindung mit einem Spaziergang einen Besuch möglich.

Für die Radfahrt in Richtung Marbach kann man sich in der Erfurter Innenstadt in einem der vielen Spätis eindecken, zum Beispiel im *You Bottle* in der Brühlervorstadt.

56

Grundmühle
parken in Tiefthal am
Ende der Straße
»Im Grund«, von dort
den Wegweisern folgen
99090 Erfurt
www.tiefthal.de

FASSBRAUSE UND RADLER GENIESSEN

Wanderung zur Grundmühle nahe Tiefthal

Für einen Ausflug am Wochenende ist die Grundmühle im Erfurter Umland das perfekte Ziel. Verbunden mit einem Spaziergang von unter einer Stunde ist das ehemalige Mühlengebäude mitten im Wald des Weißbachtals ein beliebtes Ausflugsziel.

Hat man das Auto am Waldesrand in Tiefthal abgestellt, schlängelt sich auch schon der ausgeschilderte Wanderpfad meist parallel zum leise plätschernden Bachverlauf durch Wald und Wiesen. Die Natur ist abwechslungsreich: Bunte Felder, dunkle Wälder und grün leuchtende, sumpfige Gebiete begleiten den Wanderer auf seinem Weg. Wer einen Rucksack mit Proviant und einer Decke dabeihat, wird unterwegs vielfältige Möglichkeiten finden, sich zu einer Pause niederzulassen. Warum nicht die Gelegenheit nutzen, um auf den weiten Wiesen Federball zu spielen oder eine Runde zu kicken?

Am Ziel angekommen, sollte man sich kulinarisch belohnen. Mit deftigen Fettbroten, knackigen Bockwürsten, schmackhaften Käsebroten oder süßem Kuchen offeriert die heute zum Ausflugslokal ausgebaute Grundmühle eine breite Auswahl, die auf einer der rustikalen Holzbänke verzehrt werden kann. Ist es draußen zu kalt, sind einige Sitzplätze im Inneren in Kombination mit dampfendem Glühwein eine wärmende Alternative. Dieses Angebot macht die Grundmühle nicht nur im Sommer zu einem einladenden Gasthaus für Wanderer im Erfurter Nordwesten. Unbedingt beachten: Der Wirt öffnet lediglich an Samstagen und Sonntagen – kurzfristige Änderungen sind möglich. Zur Mittagszeit kann es mal etwas länger dauern, bis die Bestellung kommt. Ein Blick auf das restaurierte Mühlrad entschädigt jedoch für das Warten.

Der Weg zur Mühle ist auch für Radfahrer geeignet, es sollte dann allerdings ein geländefähiges Fahrrad sein, da der Weg einige Tücken in Form von Wurzeln und steilen Hügeln aufweist.

Die Brotzeitplatten warten mit ausreichend Wurst, Käse, Salat und leckerem frisch-duftenden Brot auf. Daher unbedingt Hunger mitbringen!

57

Alperstedter See
Alperstedter Landstraße
99195 Nöda

Informationen:
**Gemeindeverwaltung
Nöda**
Krautgasse 91
99195 Nöda
036204 70265
www.noeda.de

DAS GUTE LIEGT SO NAH!

Alperstedter See

Als *Lago di Alpi* bekannt, liegt dieser Ort nicht im schönen Italien, sondern viel besser: im Erfurter Umland. Ob mit dem Auto, Bus oder Fahrrad, der Alperstedter See nördlich der Stadt ist gut zu erreichen. Er gilt als der größte der Erfurter Seen und ist häufiges Ziel eines Tagesausflugs oder lockt die Anwohner gerne nach Feierabend im Hochsommer aus den warmen Wohnungen.

Die ehemalige Kiesgrube bietet Freizeitangebote für unterschiedliche Interessen und ist attraktiv für Alt und Jung: Für Tage im Frühling oder Sommer ist ein Spaziergang um den See empfehlenswert. Vorbei an möglichen Badeplätzen, einem Spielplatz und Sitzplätzen für eine Verschnaufpause lohnt sich der kurze, aber steile Aufstieg auf den Beizberg. Von der Erhebung überblickt man den ganzen See, die angrenzenden Gemeinden sowie an einem sonnigen Tag das Hin- und Herflitzen der Wassersportler. Denn der Alperstedter See eignet sich nicht nur bestens zum Abkühlen und Schwimmen, sondern bei richtigem Wetter auch zum Segeln, Windsurfen und sogar Tauchen. Fans des Stand-up-Paddlings werden ebenfalls am Baggersee fündig: Wer kein eigenes Equipment in Form von Brett und Paddel besitzt, kann sich direkt am See eine Ausrüstung ausleihen. Für Anfänger gibt es am Wassersportcenter außerdem noch den einen oder anderen Tipp mit auf den Weg. Interessierte können Kurse buchen, die sich gut als Gruppenaktion eignen.

Wer länger am See bleiben möchte, sollte sich die auffälligen Schwimmenden Hütten näher anschauen: Direkt auf dem Wasser befinden sich mehrere kleine rote Häuschen, in denen man zu dritt oder sechst übernachten und so den Aufenthalt am Alperstedter See verlängern kann.

Lecker frühstücken oder Kaffee trinken auf der Terrasse des *Strandgut33* mit einem herrlichen Blick über den See.

58

Schloss Ettersburg
Am Schloss 1
99439 Ettersburg
03643 7428410
(Restaurant)
www.schlossettersburg.de

KÖNIGLICH HOCH OBEN
Schloss und Schlosspark Ettersburg

Vielen ist Schloss Ettersburg am Rande des gleichnamigen Dorfes durch festliche Anlässe wie Trauungen und Hochzeitsfeiern bekannt. Mit dem Auto vorbei an der Gedenkstätte Buchenwald oder mit dem Bus aus Weimars Stadtzentrum erreichen Sie das Schloss nördlich von Weimar problemlos. Das ehemalige Sommerhaus der Herzogin Anna Amalia – einer von Weimars Berühmtheiten – ist seit 15 Jahren im Besitz eines gemeinnützigen Bildungswerkes der hessisch-thüringischen Bauindustrie. Bevor die Herzogin im Schloss residierte und durch den Park flanierte, tummelten sich hier allerdings noch ganz andere Gäste: Bach musizierte im Festsaal des Alten Schlosses, Goethe ließ sein Stück *Iphigenie auf Tauris* aufführen. Es folgten Besuche von beispielsweise Wieland, Schiller, Napoleon I., Liszt und Hans Christian Andersen.

Als Besucher des 21. Jahrhunderts kann man sich vorstellen, dass all die Künstler aus den vorigen Zeiten am Schloss und am späteren Landschaftspark, der es umgibt, Gefallen gefunden haben. Seit 1998 gehört das Schloss Ettersburg zum UNESCO Weltkulturerbe. Für die Gestaltung der prächtigen Außenanlagen war Carl Alexander – ein Nachkomme Anna Amalias – verantwortlich. Zusammen mit dem Landschaftsgärtner Petzold und Fürst Hermann von Pückler-Muskau wurde ein sechs Hektar großer Landschaftsgarten angelegt, zudem die große Forsthauswiese. Später wurde die Ausweitung der Schlossallee zum sogenannten Pücklerschlag vorgenommen – den Sie heute als Besucher gegenüber vom Schloss sofort entdecken werden. 2021 wird der Park Ettersburg BUGA-Außenstandort sein. In Erinnerung an die klugen Köpfe und deren Schaffen finden im Schloss Ettersburg regelmäßig Konzerte, Lesungen, Ausstellungen und das *Pfingst.Festival* statt.

Kommen Sie auch mal im Winter vorbei: Auf den Hängen hinter dem Schloss lässt es sich wunderbar Schlitten fahren.

Mit einem herrlichen Ausblick ins Grüne und in den Park lockt das Restaurant Schloss Ettersburg und dessen Außenterrasse. Hier kann man ein leckeres Frühstück mit fabelhafter Aussicht genießen.

59

Gedenkstätte
Buchenwald
99427 Weimar
03643 4300
www.buchenwald.de

DUNKLES KAPITEL
Gedenkstätte Buchenwald

Sicherlich kein Lieblingsplatz ist die Gedenkstätte des ehemaligen Konzentrationslagers Buchenwald bei Weimar. Dennoch soll sie in diesem Buch nicht fehlen, prägt sie doch durch die Geschichte und den markanten Glockenturm die Region und leistet einen zentralen Beitrag gegen das Vergessen der nationalsozialistischen Gräueltaten.

Das düsterste Kapitel deutscher Geschichte wird auf dem Ettersberg spürbar, wo in den 30er-Jahren des 20. Jahrhunderts die Nationalsozialisten das KZ errichten ließen. Bis 1945 waren über 280.000 Menschen aus ganz Europa in dem Arbeitslager inhaftiert; rund 56.000 Menschen starben. Ein Großteil des Lagers steht nicht mehr; die übrigen Gebäude wurden als Museum und als Teil der Gedenkstätte umgebaut beziehungsweise entsprechend erhalten.

Der Geschichte des Ortes kann man sich nicht entziehen: Stille und Scham erfassen den Besucher, der durch das Eingangstor mit der Inschrift »Jedem das Seine« geht. Die Dauerausstellung zeigt Einblicke in die Geschichten von Insassen im Kontext einer sich rasch verändernden Gesellschaft in den 30er- und 40er-Jahren des 20. Jahrhunderts. Die Ausstellung ist äußerst empfehlenswert: Sie wirft sehr persönliche Blicke auf die Schicksale verfolgter Menschen und regt zur Auseinandersetzung mit Fremdenhass an.

Rund um das ehemalige Lager bieten weitläufige Pfade im Schatten dichter Bäume Gelegenheit, das Gesehene im Grünen zu verarbeiten. Das Mahnmal mit dem markanten Glockenturm am Ende der steinernen Treppen, die knapp vor dem eigentlichen Gelände beginnen, erinnert an die Gräueltaten. Der Glockenturm ermöglicht aber zugleich als Symbol für Freiheit einen besonderen Ausblick auf das Weimarer Land. Umgekehrt ist er selbst von Erfurt aus zu sehen und macht als weithin sichtbarer Teil der Landschaft für die Städte des Thüringer Beckens das grausame Geschehen unvergesslich.

60

Park an der Ilm
Ilmstraße
99423 Weimar

Touristinformation Weimar
Markt 10
99423 Weimar
03643 7450
www.weimar.de

Brotklappe
Frauenplan 8
99423 Weimar
03643 9002660
www.brotklappe-shop.de

DIE GRÜNE LUNGE DER STADT

Park an der Ilm

Der Park an der Ilm – oder auch einfach Ilmpark genannt – ist nicht nur der populärste, sondern mit seiner Größe von circa 48 Hektar auch der größte Weimars. Er zieht sich einige Kilometer lang an der Ilm zwischen Stadtschloss und dem Stadtteil Oberweimar. Ein Besuch ist gut mit einem Spaziergang aus der Altstadt heraus zu verbinden.

Im Sommer sind die grünen Wiesen und die Flussufer mit Einheimischen übersät. Sowohl Familien als auch Studierende schätzen den nahen Ilmpark als Zufluchtsort, sobald sich die Sonne zeigt. Da sieht man mitunter eine Hängematte zwischen zwei Bäumen gespannt oder bequeme Sitzsäcke, die mitgebracht wurden, um das stundenlange Entspannen so angenehm wie möglich zu machen.

Allgemein bekannt ist der Park an der Ilm als Herberge von Goethes Gartenhaus. Johann Wolfgang von Goethe war selbst maßgeblich an der Gestaltung der Anlage beteiligt. 1776 wurden ihm Garten und Häuschen von Herzog Carl August geschenkt. Beide prägten die Entwicklung vom ehemaligen barocken Lustgarten hin zu einem Landschaftspark nach englischem Vorbild. Der Dichter schrieb dort den *Erlkönig* und beschäftigte sich mit Gärtnerei und der Botanik. Auch Friedrich Schiller soll hier seine frühen Morgenspaziergänge gemacht haben.

Besonders reizvoll sind die kleinen, einzigartigen Orte im Ilmpark selbst, die entdeckt werden können. Einen unverwechselbaren Blick auf den Fluss hat man dank einer Sichtachse von der imposanten Schlossbrücke, auch Sternbrücke genannt, im oberen Teil. Außerdem finden Sie unter anderem das Shakespeare-Denkmal vor der künstlichen Ruine, die Ruine des Tempelherrenhauses, das durch einen Bombenangriff 1945 zerstört wurde, und die Sphinxgrotte neben der Leutraquelle südlich der Sternbrücke.

Kehren Sie nach einem Spaziergang im Park unbedingt in die *Brotklappe* auf Kaffee und Kuchen ein oder nehmen Sie sich ein knuspriges Klappenbrot mit nach Hause.

61

Kirms-Krackow-Haus
Jakobstraße 10
99423 Weimar
www.thueringerschloes-
ser.de

Café du Jardin
Jakobstraße 10
99423 Weimar
03643 2176310
www.latarte.eu

IM HINTERHAUS VERSTECKT
Kirms-Krackow-Haus mit Garten

Ein bisschen versteckt ganz in der Nähe des Herderplatzes findet sich das Haus mit einem Zungenbrecher im Namen: das Kirms-Krackow-Haus. Namensgebend waren die ehemaligen Besitzer: die Beamtenfamilie Kirms und Caroline Krackow, die späte Ehefrau von Franz Kirms, beziehungsweise ihre Nichte Charlotte Coelestine Krackow. Letztere hat die zivilisatorischen Neuentdeckungen wie Wasser und Strom im Haus verweigert, weshalb dieses heute als lebendiges Museum fungiert.

Von außen in zartes Pastell gehüllt, passiert es leicht, dass man das Gebäude bei einem Spaziergang keines weiteren Blickes würdigt. Erst neugierigen Passanten, die sich durch das Hoftor begeben und über den gepflasterten Innenhof mit den begrünten Laubengängen schreiten, verrät das Haus sein Geheimnis. Inmitten der Stadt eröffnet sich ein wunderschöner, heller und bunter Garten, der im Biedermeierstil angelegt ist. Ein spätbarockes Gartenhaus findet sein Plätzchen ganz am Ende der sattgrünen Beete, die mit kleinen Buchsbaumhecken sorgfältig umrandet sind und auch schon im Frühling in vielen Farben blühen. Genauso finden sich an Spalieren alte Sorten von Äpfeln und Birnen sowie eine gemütliche Rosenlaube.

Franz Kirms, der im 18. Jahrhundert das Grundstück erwarb, gehörte zu den *Blumisten*: einer Gruppe von Weimarer Pflanzenliebhabern. Er selbst züchtete erfolgreich, besonders für Primeln und Nelken galt er damals als Spezialist.

Nicht nur zur Goethezeit schauten hier Hans Christian Andersen und Franz Liszt gerne vorbei: Der Garten am Kirms-Krackow-Haus hat bis heute seine Fans und ist deshalb auch einer der Außenstandorte der BUGA 2021. Das Vorderhaus kann als Museum besucht werden. Die Dauerausstellung zeigt die Wohnkultur des 18. und 19. Jahrhunderts.

Einen geschützten Sitzplatz haben Sie im Innenhof des Hauses im *Café du Jardin*, ein Ableger des Restaurants *La Tarte*, das gleich gegenüberliegt.

62

**Naturdenkmal
Gingko-Baum am
Weimarer Fürstenhaus**
Platz der Demokratie/
Puschkinstraße
99423 Weimar

Fritz Mitte
Schützengasse 8
99423 Weimar
03643 9004010
www.fritzmitte.de

DAS BESONDERE BLATT

Naturdenkmal Ginkgo-Baum am Weimarer Fürstenhaus

Gegenüber der Anna-Amalia-Bibliothek unweit des Parks an der Ilm steht ein sehr großer Baum mit sehr besonderen grünen Blättern: ein Ginkgo-Baum.

Dass dieser aber nicht nur ein Baum ist, wird aufmerksamen Betrachtern klar, die nahezu täglich kleine Menschentrauben beobachten können, die sich darunter versammeln. Der Ginkgo zieht Besucher an, die alleine oder im Rahmen einer Stadtführung den Kopf weit in den Nacken legen, um das lebende Denkmal zu betrachten. Dabei ist die Baumart wahrscheinlich älter, als alle Bewunderer des Weimarer Exemplars zusammen: Der Ginkgo gilt als lebendes Fossil, er war schon vor über 300 Millionen Jahren auf der Erde heimisch.

Der ursprünglich in China beheimatete Baum mit dem botanischen Namen *Ginkgo biloba* fühlt sich nicht nur in Thüringen sehr wohl, sondern ihn verbindet auch noch eine Geschichte mit Weimars berühmtestem Dichter: Johann Wolfgang von Goethe. Der schrieb 1815 sogar ein Gedicht über den Ginkgo, um ihn zu ehren. Darin beschäftigte er sich mit der charakteristischen Zweiteilung des Blattes, das trotzdem eins ist – für Goethe ein Sinnbild der Freundschaft.

Wer ähnlich wie Goethe seine Leidenschaft für die besondere Baumart entdeckt hat, der kann sich in einigen Ladengeschäften der Stadt ein Souvenir mit nach Hause nehmen. Egal ob Schmuck, Kosmetika, Keramik oder bedruckte Textilien: Ginkgo-Fans werden auf ihre Kosten kommen. Dem Blatt wird außerdem eine positive Wirkung auf die menschliche Gedächtnisleistung nachgesagt und findet sich deshalb heute auch in einigen Medikamenten wieder.

Wer noch mehr über das zweigeteilte grüne Blatt erfahren möchte, der kann das Ginkgo Museum in der Innenstadt in der Windischenstraße besuchen. Dort sind ebenso fossile Ginkgo-Blätter und Holz aus vergangenen Erdzeitaltern zu begutachten.

Nach der Jagd nach dem Ginkgo kann man die besten Fritten Thüringens im Restaurant *Fritz Mitte* essen.

63

Weimarhallenpark
Ecke Schwanseestraße/
Bad Hersfelder Straße
99423 Weimar

**Bauhaus-Museum
Weimar und Café
Kunstpause**
Stéphane-Hessel-Platz 1
99423 Weimar
03643 545400
www.klassik-stiftung.de

VORGARTEN DES BAUHAUS-MUSEUMS
Weimarhallenpark

Zusammen mit Deutschland und der ganzen Welt feierte Weimar 2019 ein bedeutendes Jubiläum: 100 Jahre Bauhaus. Passend dazu eröffnete am Weimarhallenpark das Bauhaus-Museum. Hier steht die Ausstellung *Das Bauhaus kommt aus Weimar* im Mittelpunkt und alle wichtigen Namen, die in dessen Geschichte eine Rolle gespielt haben: Gropius, Mies van der Rohe, Klee, Feininger und Moholy-Nagy sind nur einige davon. Minimalistisch und geometrisch präsentiert sich der Neubau am Weimarhallenpark: von manchen Einwohnern aus guten Gründen liebevoll »Klotzi« genannt. In geschichtsträchtiger Gesellschaft liegt das Bauhaus-Museum zwischen dem historischen Park, dem *congress centrum neue weimarhalle* (ehemals Weimarhalle), Neuem Museum, Gauforum und dem Stadtmuseum.

Die Wurzeln des Weimarhallenparks reichen bis ins 15. Jahrhundert zurück. Er gehört unter anderem mit dem angrenzenden Schwanseebad zum Asbachgrünzug, benannt nach dem durchfließenden Asbach. Die dort beheimatete Weimarhalle fungiert mittlerweile als Kongress- und Kulturzentrum und hat seit den 30er-Jahren des 20. Jahrhunderts einen bewegten Werdegang hinter sich. Heute ersetzt ein Neubau an derselben Stelle das ursprüngliche Gebäude im Stil der Neuen Sachlichkeit.

Bei einem Spaziergang durch das Grün inmitten der Stadt können Sie den Weimarhallenteich mit barocker Mauer und einer Kaskade entdecken. Der Park wird von Einwohnern und Touristen gerne als Zwischenstopp und erholsamer Ruhepol besucht. Ebenso liegt hier das Grab von Familie Bertuch, der Familie von Kaufmann Friedrich Justin Bertuch, der im 18. Jahrhundert die Erbpacht über das Gelände besaß.

Die Anlage selbst ist regelmäßig Gastgeber von Open-Air-Veranstaltungen und Festen, im Sommer die größte Bühne der Stadt für laue Abende mit stimmungsvoller Konzertmusik.

Einen tollen Blick in den Park hat man von der Terrasse des Cafés Kunstpause am Bauhaus-Museum. Besonders zu empfehlen ist der frische Wildkräutersalat.

64

Schloss und Schlosspark Belvedere
Weimar-Belvedere
99425 Weimar

Informationen:
Klassik Stiftung Weimar
Burgplatz 4
99423 Weimar
03643 545400
www.klassik-stiftung.de

BAROCK IN WEIMAR
Schloss und Schlosspark Belvedere

Um im Park von Schloss Belvedere zu wandeln, müssen Sie weder nach Potsdam noch nach Wien reisen – in Weimar sind Sie an der richtigen Adresse. Südlich der Stadt liegt nicht nur das barocke Schloss, sondern es ist auch umgeben von einem imposanten Park inklusive Orangerie sowie Lust- und Irrgarten. Ganze 43 Hektar groß ist die Parkanlage, die sich besonders gut für einen Sonntagsspaziergang an einem warmen Sommertag eignet. Hierzu können Sie am Gelände parken oder mit dem Bus anreisen und sich dann zu Fuß vom Eingang bis hin zur Orangerie treiben lassen.

Das Schloss befindet sich auf einer Anhöhe und macht damit seinem Namen Belvedere alle Ehre – ausgesprochen schön ist die Aussicht auf dem Platz vor dem Schlosseingang. Innen lädt die Sommerresidenz mit einem Museum für Kunsthandwerk ein, Porzellane, Gläser und Möbel zu besichtigen.

Die Anlage gehört zu den prunkvollsten Sommersitzen der Weimarer Herzöge und wurde auf Geheiß von Herzog Ernst August von Sachsen-Weimar und Eisenach Mitte des 18. Jahrhunderts erbaut. Später wählte ebenso Herzogin Anna Amalia das Lustschloss und seine Gärten als Aufenthaltsort und rettete Schloss Belvedere dadurch vor dem Verfall.

Neben der Orangerie – hier wurden Bitterorangenbäume, Feigen, Kaffeepflanzen und Granatäpfel kultiviert – und dem Irrgarten gibt es beispielsweise noch den Russischen Garten. Auch den Amorgarten sollten Sie nicht links liegen lassen: Er besteht aus geometrisch angelegten Beeten. Dadurch ergeben sich interessante Blickachsen auf die bepflanzten Abteile. Fast am schönsten ist es allerdings, das Gelände für sich zu entdecken, nur das Knirschen des Kieses unter den Schuhen zu hören und im Schatten der alten Bäume oder auf einer der weiß gestrichenen Bänke eine Pause einzulegen.

Botanik-Begeisterte sollten sich für den heimischen Lustgarten die regelmäßig stattfindende Pflanzenbörse der Klassik Stiftung Weimar in der Orangerie am Roten Turm notieren.

65

**Deutsches Bienen-
museum Weimar**
Ilmstraße 3
99425 Weimar
03643 4920401
03643 2512897 (Café
Immenhof)
http://bienenmuseum.
lvthi.de

SUMM, SUMM, SUMM ...
Deutsches Bienenmuseum

Wichtiger denn je für unsere Nahrung und die Biodiversität sind kleine, geflügelte Wesen: die Bienen. Sie bestäuben circa 80 Prozent unserer Nutzpflanzen und sind damit verantwortlich für das Gedeihen von rund einem Drittel unserer Lebensmittel. Durch unter anderem den Klimawandel, Monokulturen und die Verwendung von Pflanzenschutzmitteln sind Bienen gefährdet.

Wer mehr über die kleinen, summenden Insekten erfahren möchte, der besucht das Deutsche Bienenmuseum in Weimar, das sich am Ende des Parks an der Ilm befindet. Hier erfahren große und kleine Naturbegeisterte nicht nur mehr über die Tiere, sondern auch wie man vielleicht selbst einen kleinen Teil Verantwortung übernehmen kann. Neben der tollen Ausstellung im Gebäude, die über die Biologie der Bienen und die Geschichte der Imkerei informiert, ist das grüne Außengelände unbedingt einen Abstecher wert.

Wussten Sie, dass es einen Unterschied zwischen Honig- und Wildbiene gibt? Die Tiere haben verschiedene Eigenschaften etwa in Bezug auf Lebensweise, Sammelleidenschaft und Nistplatzwahl. Auf dem Museumshof und im Bienenweidegarten hat man die Chance, die Insekten in natura bewundern zu können. Summend und brummend lassen sie sich hier auf den bunten Weidepflanzen nieder, welche für sie lebensnotwendig sind. Die blühenden Pflanzen sind extra so ausgewählt, dass sie viele Pollen und Nektar für die Bienen bereithalten. Draußen entdecken Sie außerdem Bienenhäuser und -hotels sowie verschiedene Bienenbeuten. So nennt man die Behausung der Insekten, aus denen die Imker die Waben entnehmen können.

Auch für ein Mitbringsel ist gesorgt: Verschiedene Honigsorten und Honigprodukte wie Bienenwachskerzen oder Kosmetik werden in einem kleinen Hofladen verkauft.

Kulinarisch versorgt werden Sie im Café Immenhof. Speisen, Kuchen und Kaffee können an Tischen im Innenhof des Bienenmuseums gemütlich verzehrt werden.

**Wielandgut und Gutspark
Oßmannstedt**
Wielandstraße 16
99510 Oßmannstedt
03643 545400
www.klassik-stiftung.de

KLEINOD AUF DEM LAND
Wielandgut und Gutspark Oßmannstedt

Zwischen Weimar und Apolda liegt Oßmannstedt. Dass es lohnt, sich hierher auf den Weg zu machen, wusste schon Christoph Martin Wieland. Thüringen ist das Land der Dichter und Denker und neben anderen seiner bekannten Kollegen war Wieland einer der bedeutendsten Schriftsteller des 18. Jahrhunderts. Zusammen mit Schiller, Herder und Goethe prägte er die Epoche der Weimarer Klassik.

22.000 Taler kostete ihn damals der Kauf des Guts in Oßmannstedt, auf dem er eine beträchtliche Zeit seines Lebens verbrachte und – so viel sei verraten – auch starb. Sein Grab finden Sie im unteren Teil des heutigen Gutsparks, einer spätbarocken Anlage. Wieland erfüllte sich mit dem Erwerb einen Lebenstraum und nannte es Osmantinum, dem Vorbild der alten römischen Dichter und Philosophen Horaz und Cicero folgend eine lateinische Version des Ortsnamens. Er legte einen Küchengarten an und nutzte das Gut für landwirtschaftliche Zwecke. Goethe, Schiller und Herder waren seine Gäste. 1803 musste Wieland das Anwesen wieder verkaufen, da er es wirtschaftlich nicht halten konnte. Bis es Ende des 20. Jahrhunderts in den Besitz der Klassik Stiftung Weimar wanderte, hatte es stets wechselnde Eigentümer.

Der nach barockem Vorbild gestaltete Hofplatz erschließt sich den Besuchern nach einer Umrundung des sonnengelben Gutshauses, das heute ein Museum beherbergt. Auf knirschendem Kies kommt man erst an wunderschönen weißen Rosen vorbei, bevor einem schließlich in Gelb, Pink und Orange die Blüten aus den grünen Beeten entgegenstrahlen. Vor dem sogenannten Orangeriesaal liegt seit 2005 ein Rosengarten, außerdem wurde der Baumbestand der Lindenallee erneuert.

Im ganzen Park findet man kleine, liebevolle Details, besonders sehenswert ist der Brunnen: Können Sie die kleine Meerjungfrau auf dem Brunnenhaus entdecken?

Gut verbinden lässt sich ein Besuch von Erfurt zum Wielandgut Oßmannstedt mit einer Weiterfahrt zum BUGA-Außenstandort Paulinenpark in Apolda.

67

Tiefengruben
Startpunkt für einen
Rundgang:
Kirche St. Nikolaus
Dorfstraße 54
99438 Bad Berka OT
Tiefengruben
www.tiefengruben.de

**Touristinformation
Bad Berka**
Parkstraße 16
99438 Bad Berka
0364 585790
www.bad-berka.de

DAS MOTTO: RUND!

Spaziergang durch Tiefengruben

Thüringen ist wunderschön – und das gilt nicht nur für die großen Städte, sondern auch für kleine, feine Dörfer und Ortschaften. Eins dieser Juwelen, das sich zu besuchen lohnt, ist Tiefengruben, ein Ortsteil von Bad Berka im Weimarer Land.

Dabei ist der Ortskern nicht nur sehr pittoresk, sondern macht auch eine Besonderheit Tiefengrubens aus: Es handelt sich um eins von Deutschlands wenigen Rundlings- oder Rundplatzdörfern. Um das Zentrum Tiefengrubens, das auch die evangelische Kirche St. Nikolaus und einen kleinen Teich beherbergt, reihen sich keilförmig rundherum die Höfe und Grundstücke – wie bei einer aufgeschnittenen Orange. Diese Siedlungsform kommt heutzutage nur noch in ein paar wenigen Dörfern in Deutschland vor.

Deshalb bietet sich ein wortwörtlicher Rundgang durch Tiefengruben an. Von Bad Berka oder Tonndorf über die Landstraße kommend, empfängt einen das charakteristische Kopfsteinpflaster. Die Bewohner geben sich mit Liebe zum Detail Mühe, die Eingangsbereiche, Vorgärten und Fassaden der Häuser je nach Jahreszeit zu schmücken und begrünen. Überall gibt es etwas zu entdecken: beispielsweise einen schönen Türkranz oder eine einzigartige Bepflanzung.

Vor allem im Herbst kann man diese Zierde bestaunen: Dann findet der bekannte und beliebte Obstmarkt statt, zu dem an einem Wochenende – zumindest gefühlt – ganz Thüringen in das denkmalgeschützte Örtchen pilgert. Ohne von Autos gestört zu werden, können die Marktbesucher von Stand zu Stand schlendern, Blumen oder Selbstgemachtes wie Holzdekoration für den Garten erwerben und sowohl leckere Getränke als auch süße und herzhafte Speisen kosten, die sich meist rund um den Apfel drehen.

Außerhalb von Tiefengruben wurde ein Obstlehrpfad durch die Streuobstwiesen angelegt. Schautafeln und Kennzeichnungen an den Bäumen weisen auf Wissenswertes zu den Apfel- und Birnenbäumen und zu den tierischen Bewohnern hin. Aufmerksame Spaziergänger entdecken auch ein Insektenhotel.

68

**Freizeitpark Stausee
Hohenfelden**
Am Stausee
99448 Hohenfelden
036450 4490
www.erlebnisregion-
hohenfelden.de

Avenida Therme
Am Stausee 1
99448 Hohenfelden
036450 4490
www.avenida-therme.de

WO JEDER AUF SEINE KOSTEN KOMMT

Freizeitpark Stausee Hohenfelden

Knapp 20 Minuten brauchen Autofahrer, um Erfurt hinter sich zu lassen und ein wahres Freizeitparadies am Stausee Hohenfelden im mittleren Ilmtal zu erleben. In den 60er- und 70er-Jahren als Badesee angelegt, bieten verschiedenste Möglichkeiten der Freizeitgestaltung rund um den See mittlerweile für jeden etwas. Der Klassiker ist dabei sicherlich der Badestrand, an dem Sonnenhungrige sich nicht nur im See erfrischen. Für Kinder steht eine große Rutsche sowie ein Abenteuerspielplatz bereit. Wer textilfrei die Sommer-Temperaturen genießen möchte, verschwindet in den FKK-Bereich, und Sportler dürfen sich mit anderen Gästen bei einer Runde Beachvolleyball messen.

Einmal wie Tarzan von Baum zu Baum schwingen und die eigene Höhenangst überwinden, können Mutige im fußläufig erreichbaren Kletterwald, der mit verschiedenen Parcours und Schwierigkeitsstufen für jedermann eine sicherere oder gar abenteuerliche Strecke bereithält. Ein Streichelgehege, Trampoline und vieles mehr machen diese Ecke des Gebiets zudem für junge Besucher, die sich nicht in die Höhe trauen, zu einem unterhaltsamen Ausflugsziel.

Neben den üblichen Verdächtigen warten eher ungewöhnlichere Sportarten wie Bogenschießen und AdventureGolf darauf, ausprobiert zu werden. Wasserratten können den See außerdem via Ruderboot erkunden oder, sofern ein Angelschein vorhanden ist, ihr Glück auf der Jagd nach dem nächsten Abendessen probieren. Lieber zu Fuß unterwegs? Wanderwege führen um den See und durch die angrenzende Region. Ausreichend Stationen für Verschnaufpausen sind unterwegs vorhanden.

Wer am Ende eines Tages voller Abenteuer keine Lust mehr hat, zurück nach Erfurt zu fahren, kann dank Ferienhäusern, Camping- sowie Zeltplatz und Caravanstellflächen den Freizeitpark auch für einen kleinen Wochenendausflug nutzen.

Der schöne Saunabereich der Avenida Therme in direkter Nachbarschaft bietet nach einem Tag am Stausee die besten Voraussetzungen für Erholung.

69

**Thüringer Freilicht-
museum Hohenfelden**
Am Eichenberg
99448 Hohenfelden
036450 43918
www.freilichtmuseum-
hohenfelden.de

REISE IN DIE VERGANGENHEIT
Thüringer Freilichtmuseum Hohenfelden

Wie haben Menschen in vergangenen Jahrhunderten in Thüringen gelebt? Wie sahen ihre Wohnstätten und ihr Alltag aus? Auf diese Fragen gibt das Thüringer Freilichtmuseum Hohenfelden vielfältige Antworten. Wie ein kleines Dorf gelegen, erzählen am Ortsrand von Hohenfelden mehr als 30 Häuser, die zuvor in Thüringen verteilt standen, Geschichten und Geschichte.

Ein Spaziergang über das Gelände fühlt sich wie eine Zeitreise an: Der Hahn kräht, städtischen Lärm sucht man vergebens und man erwartet jeden Moment, dass eine Bäuerin aus der offenen Stalltür tritt. Die Gebäude erwecken den Eindruck, tatsächlich noch genutzt zu werden und vermitteln so einen authentischen Blick in die Vergangenheit.

Alle Häuser sind begehbar, Erklärtafeln und authentische Einrichtung helfen, sich das Leben und Arbeiten auf den Höfen vorzustellen. Neben den Erläuterungen für Erwachsene sind auch kindgerechte Erlebnisstationen auf dem Hof verteilt, sodass auch junge Touristen ihren Spaß am Entdecken haben. Dazu kommen verschiedene Spielmöglichkeiten, die einen Rundweg familienfreundlich machen. Mit viel Liebe zum Detail wird hier Thüringer Leben vor der Industrialisierung erfahrbar. Ein Highlight dabei ist sicher die Bockwindmühle, wie sie früher an vielen Stellen in Thüringen die Landschaft prägten.

Auch in Hohenfelden selbst können weitere Häuser als Teil des Museums erkundet werden. Rund um die Kirche warten ein Kolonialwarenladen, ein Brauhaus sowie der Pfarrhof mit angrenzendem Pfarrgarten auf Interessierte.

Mit Käsemarkt, Schäferfesten und weiteren Veranstaltungen ist insbesondere in den Sommermonaten immer viel geboten auf dem Gelände. Auskunft darüber gibt unter anderem die gut gepflegte Website des Museums.

Im Limonadenpavillon auf der Ausstellungsfläche gibt es saisonale Kuchen und Erfrischungsgetränke, die entweder im Pavillon selbst oder im Schatten der großen Bäume genossen werden können.

70

Forsthaus Willrode
Forststraße 71
99097 Erfurt OT Egstedt
www.willroda.de

EIN LEBENDIGES DENKMAL

Forsthaus Willrode bei Egstedt

Im Südosten der Stadt, im Willrodaer Forst, liegt das historische Forsthaus Willrode. Hier hat nicht nur das Thüringer Forstamt Erfurt-Willrode seinen Sitz, sondern es finden auch regelmäßig Veranstaltungen, offene Forsthaus-Sonntage und Märkte statt.

Das im 13. Jahrhundert erstmals urkundlich erwähnte Gut beherbergt auf seinem Gelände neben dem Forsthaus noch ein Backhaus und eine Kapelle. Beides wird bis heute genutzt – das eine mit einem funktionstüchtigen, altdeutschen Ofen zum Schaubacken, das andere für Gottesdienste und Lesungen. Als Besucher sollte man sich allerdings nicht nur auf dem gepflasterten Bereich vor dem Forsthaus umschauen, ein Blick auf die Rückseite des historischen Baus lohnt sich ebenfalls: Dort finden Sie ein kleines Kiefernwäldchen. Ordentlich Reihe um Reihe stehen die Nadelbäume und warten auf Spaziergänger und Waldbadende, die nach einem Rückzugsort in der Natur suchen.

Dass es im Willrodaer Forst aber auch ganz lebendig zugehen kann, ist dem *Freunde und Förderer des Forsthauses Willrode e.V.* zu danken, der nach der Sicherung und dem Erhalt des Forsthauses jetzt für zahlreiche Veranstaltungen sorgt. Besonders erwähnt seien das jährliche Musikfestival *Wipfelrauschen*, das meist im Spätsommer stattfindet, und der gemütliche Waldweihnachtsmarkt im Winter. Das ganze Jahr über gibt es geführte, thematische Spaziergänge und pädagogische Naturprogramme für Kinder. Wer gern auf eigene Faust das Gelände entdecken will, der hat monatlich am offenen Forsthaussonntag die Gelegenheit dazu.

Von Mai bis Dezember sollten Sie bei einem Besuch außerdem noch im Wildladen vorbeischauen. Hier verkauft die Thüringer Landesforstverwaltung *ThüringenForst* unter dem Namen *Wildgut* Wildbret, Wurst und Schinken aus den eigenen Wäldern.

Entweder bei Veranstaltungen verzehrfertig zubereitet oder frisch zum Mitnehmen: Die leckere Bratwurst vom Wildschwein ist eine Empfehlung!

71

**Schloss und Schlosspark
Molsdorf**
Schlossplatz 6
99094 Erfurt OT Molsdorf
036202 22085
www.molsdorf.de

BLÜTENWIESEN WEIT UND BREIT
Schloss und Park Molsdorf

Ein wahrlich besonderes Blütenmeer erwartet die Besucher von Schloss Molsdorf im Frühling. Der barocke Park des kleinen Lustschlosses im Erfurter Ortsteil Molsdorf ist durch den Gera-Radweg und den Radfernweg Thüringer Städtekette gut angeschlossen und eignet sich als Ziel für eine kurze Fahrradtour aus Erfurt kommend, wenn der Tag mit etwas Kultur abgerundet werden will. Für Familien mit Radelanfängern eignet sich die Strecke sehr, da sie meist gerade und kaum direkt an der Straße entlangführt. Sie können Ihre Tour in Erfurts Mitte starten oder einfach am Luisenpark beginnen. Schloss Molsdorf ist ebenso gut mit Bus oder PKW zu erreichen.

Vom Tor des Parks aus erstreckt sich die Grünfläche komplett vor der ehemaligen Wasserburg und lädt für einen ersten Eindruck zu einem Rundgang ein. Die Fahrräder können zuvor sicher am Eingang angeschlossen werden und stören so nicht beim Spazierengehen.

Wer im April und Mai Schloss Molsdorf als Ziel wählt, der wird mit einem Meer aus Buschwindröschen belohnt, die unter den Bäumen wachsen und sich wie ein weiß-grüner Teppich über die Wurzeln legen. Die Wiese des Landschaftsgartens – früher einmal ein bedeutsamer Barockgarten – lädt zu einer kleinen Pause von der Radtour ein. Von hier aus liegt das Schloss in seiner ganzen Pracht vor dem Besucher.

Das Schloss selbst kann von innen besichtigt und im Schlossmuseum etwas über die Historie des Orts herausgefunden werden. Es gibt geführte Rundgänge durch die Festräume, die Sie über das Leben des früheren Besitzers Gustav Adolf von Gotters informieren. Der ließ das Gebäude im 18. Jahrhundert aufwendig sanieren, musste es jedoch aufgrund der kostspieligen Bauarbeiten schlussendlich aus finanziellen Gründen wieder verkaufen.

Für Fahrradfahrer aus Richtung Erfurt empfiehlt sich ein Zwischenstopp für ein kühles Radler oder eine Apfelsaftschorle auf dem Hin- oder Rückweg im Ausflugslokal Namenlos in der *Kleingartenanlage Am Bachstelzenweg e. V.*

Von der **Burg Gleichen** aus haben Sie einen Blick weit über Thüringen. Hier grüßt Sie auch die Burg Wachsenburg.

Auf der Burgenroute zu den Drei Gleichen
Startpunkt:
Tourist-Information
Kulturscheune Mühlberg
Thomas-Müntzer-Straße 4
99869 Drei Gleichen OT
Mühlberg
036256 22846
www.drei-gleichen.de

Maria Ostzone
Hamburger Berg 5
99094 Erfurt
0361 7968386
www.mariaostzone.de

VON BRENNENDEN BURGEN UND DINOS

Die Drei Gleichen an der Burgenroute

Wer Erfurt über die A4 Richtung Frankfurt verlässt, kann schon nach wenigen Kilometern das einzigartige Ensemble bewundern: Drei Burgen – Mühlburg, Burg Gleichen sowie Wachsenburg, mit Ausnahme der letztgenannten zu Ruinen verfallen – thronen auf beiden Seiten der Autobahn auf den markanten Hügeln. Die drei Landgrafenburgen waren geschichtlich betrachtet nie wirklich bedeutend, ihre Lage verleiht ihnen aber einen besonderen Charakter, der gerade an Wochenenden Wanderer aus Thüringen anlockt. Die Bezeichnung »Drei Gleichen« geht auf das Jahr 1231 zurück, als ein Kugelblitz die drei Burgen zeitgleich entzündet haben soll und sie anschließend wie Fackeln brannten. Zur Erinnerung an diesen Burgbrand findet alle drei Jahre das *Drei(n)schlag*-Open-Air statt, ein Pyrotechnik-Event, für das sogar die Autobahn gesperrt wird.

Alle drei Burganlagen sind jeweils bequem zu Fuß zu erreichen. Entsprechende Parkplätze für Wanderer sind vorhanden und nach der Abfahrt von der Autobahn gut ausgeschildert. Mehrere Wanderwege führen durch Felder, Obsthaine und braches Land. Gut zu Fuß sollte sein, wer die zwölf Kilometer lange Burgenroute absolviert. Dieser Rundwanderweg durch Dörfer und das Landschaftsschutzgebiet verbindet alle drei namensgebenden Burgen miteinander. Zusätzlich vermitteln Informationstafeln an der Strecke auch Wissen über die geologischen Besonderheiten der Region und erklären, wieso entlang des Wanderweges der Tonstein in den sogenannten »bad lands« an den Burghängen markant leuchtet.

Nahe der Burg Gleichen wird es für Kinder spannend: Immer wieder wurden am Hasenwinkel Zahn- und Knochenfossilien von Dinosauriern gefunden. Rekonstruktionen der Urzeitbewohner können im einige Kilometer entfernten Georgenthal auf einem eigenen Saurierlebnispfad begutachtet werden.

Wer sich kulinarisch auf hohem Niveau verwöhnen lassen möchte, stattet auf dem Rückweg nach Erfurt dem Restaurant *Maria Ostzone* einen Besuch ab und genießt dort in der Bachstelze regionale Spitzenküche.

73

Tierpark Gotha
Töpfleber Weg 2
99867 Gotha
03621 510460
www.kultourstadt.de

ERDMÄNNCHEN, LEOPARD UND CO.

Tierpark Gotha

Nur wenige Gehminuten vom berühmten Schloss Friedenstein und seinem Rosengarten und den Grünanlagen entfernt, liegt der Tierpark der Kulturstadt Gotha im Naturschutzgebiet Kleiner Seeberg. Im Gegensatz zu seinem großen Bruder in der Landeshauptstadt Erfurt, ist dieser Zoo mit seiner sechs Hektar großen Fläche überschaubar, aber dennoch sehr reizvoll und einen Familienausflug definitiv wert.

Insbesondere die geschützte Lage im Waldgebiet macht diese Anlage zu einem schönen Ziel am Wochenende. Während in Erfurt Berge und Anhöhen den Aufenthalt abwechslungsreich und teilweise herausfordernd für Kinderwägen oder Rollstühle machen, erwartet die Besucher hier ein ebener Rundweg mit rund 1,7 Kilometern Länge, der in einer knappen Stunde gemütlich absolviert werden kann.

Entlang des Weges wartet eine Vielzahl an Tieren, rund 650 an der Zahl, auf große und kleine Gäste, darunter zum Beispiel Wasserschweine, Wölfe oder Tiger. Die Gehege sind auch für die Jüngsten gut einsehbar. Mehrere Spiel- und Picknickplätze bieten schöne Pausengelegenheiten, um zu toben oder auszuruhen. Ein Lehrpfad ergänzt den Aufenthalt mit Informationen über die natürlichen Lebensräume und den Überlebenskampf der Tiere in freier Wildbahn. Hautnahen Kontakt zu den Tieren suchen Mutige, die im Streichelzoo jede Menge Freude haben werden.

Mit etwas Glück besuchen Sie den Park an einem Tag, an dem auch Kutschfahrten angeboten werden. Besonders für jüngere Kinder sind diese Fahrten ein großes Abenteuer. Wer mit dem Auto anreist, findet in unmittelbarer Nähe zum Tierpark ausreichend kostenfreie Stellplätze. Vom Parkplatz aus führen mehrere Wanderwege durch das angrenzende Naherholungsgebiet des kleinen und großen Seebergs.

Im *Cafe im Tierpark* können Sie nicht nur Verpflegung erwerben, sondern auf diese Weise direkt den Förderverein des Parks unterstützen und etwas Gutes tun.

74

Chinesischer Garten
Marktplatz 21a
99631 Weißensee
036374 363031
www.chinagarten-
tourismus.de

Runneburg
Runneburg 1
99631 Weißensee
036374 36200
www.weissensee.de

AUF DEN SPUREN DES EWIGEN GLÜCKS
Chinesischer Garten

Als einzigartig wird er bezeichnet, der Chinesische Garten in Weißensee. Ein Besuch dort fühlt sich aufgrund seiner Größe und Weitläufigkeit an wie ein Urlaub im Fernen Osten, denn schnell vergisst man beim Flanieren auf den geschwungenen Wegen, dass man sich eigentlich in der Thüringischen Provinz befindet.

In nur vier Monaten wurde die Parkanlage von Arbeitern aus Shanghai angelegt und an die Gemeinde übergeben. Die Harmonie der sieben Komponenten »Erde, Himmel, Steine, Wasser, Gebäude, Wege und Pflanzen« wurde bei der Planung und Umsetzung gekonnt in Szene gesetzt und ermöglicht so einen bezaubernden Ausflug in die fremde Kultur. Nahezu alle Materialien wurden hierfür aus China importiert – dieser Umstand verstärkt das Gefühl, nicht mehr in Deutschland zu sein. Schlendern Sie in aller Ruhe auf dem zickzackförmigen Weg über den See der vier Jahreszeiten, der die beeindruckenden Tee- und Hochzeitshäuser am Seeufer verbindet. Besucher merken schnell, wie sich der Fokus weg vom Alltag hin zur Ruhe und Naturbetrachtung verschiebt. Ein Spaziergang durch den Park wird so zu einer Achtsamkeitsübung. Im Hochsommer spenden die Laubengänge an der Ost- und Westseite des Gartens Schatten. Hier sollten Sie eine längere Pause einplanen und die Stille im Garten des ewigen Glücks genießen.

Wer gerne romantische Momente miterlebt, kann die meist am Wochenende stattfindenden Trauungen im Hochzeitspavillon aus der Ferne beobachten und stolze Brautpaare nach der Zeremonie flanieren sehen.

Achten Sie bei der Planung Ihres Besuchs auf die Öffnungszeiten, die Sie auf der Website des Gartens finden. Von November bis März herrscht Winterruhe, daher ist das Gelände in dieser Zeit für Gäste geschlossen.

In direkter Nachbarschaft bietet die historische Runneburg interessante Einblicke in die Geschichte der Region. Sie erreichen die Anlage fußläufig in wenigen Minuten.

75

Paulinenpark Apolda
Ackerwand 9a
99510 Apolda
www.apolda.de

Café Ella
Bahnhofstraße 43
99510 Apolda
03644 5186208
www.cafe-ella.bar

BESUCH IN DER GLOCKENSTADT
Paulinenpark Apolda

Zusammen mit der Herressener Promenade ist der Paulinenpark einer der zwei Außenstandorte der Stadt Apolda zur BUGA 2021. Beides wurde bereits 2017 für die Landesgartenschau Apolda saniert. Auch ein Besuch der Schötener Promenade sowie des Historischen Friedhofs lohnen sich. Die Glockenstadt liegt östlich von Erfurt, in der Nähe von Weimar und Jena.

Betreten Sie den Park von der Bahnhofsstraße aus, schreiten Sie zunächst durch ein kunstvoll verziertes Metalltor und erschließen sich das grüne Gelände von oben. Der Paulinenpark zeichnet sich durch seinen Terrassengarten, eine Streuobstwiese, einen tollen Kinderspielplatz sowie den Glockengarten aus. Letztere sind bezeichnend für Apolda: Aufgrund der langjährigen Tradition des Glockengießens, trägt sie den Beinamen »Glockenstadt«.

Der Park besticht durch alten Baumbestand und seine Streuobstwiesen. Auf dem Areal verteilt finden sich übergroße Äpfel, die Wissenswertes über die verschiedenen Sorten des pausbäckigen Obstes verraten. Besonders schön ist außerdem der alte Pavillon – haben Sie schon den sehenswerten blau-weißen Fliesenboden entdeckt? Von hier aus können Sie sich den Park durch interessante Blickachsen erschließen. Weiter unten fächert sich der Paulinenpark als Terrassengarten auf und kleine Serpentinen führen durch bunte Blumenbeete bis zum Ende. Familien können sich am Spielplatz austoben, der als großes Sandbecken angelegt ist und Kletterelemente für kleine Wirbelwinde enthält.

Am Ende bleibt nur noch die Frage offen: Wer war eigentlich Pauline? Der Name des Parks geht auf Pauline Brandes zurück, die im 19. Jahrhundert geborene Tochter von Franz Kreiter, ein Unternehmer der Stadt. Dieser erwarb das ursprüngliche Grundstück, auf dessen Platz heute das *GlockenStadtMuseum* steht.

Mit einem leckeren Stück Torte werden Sie im Café Ella direkt am Park kulinarisch versorgt.

76

Botanischer Garten Jena
Fürstengraben 28
07743 Jena
03641 949274
www.botanischergarten.
uni-jena.de

Holz & Hygge
Unterlauengasse 2
07743 Jena
0176 76470313
www.holzundhygge.de

THÜRINGENS TROPEN
Botanischer Garten Jena

Neben dem Carl-Zeiss-Planetarium im Zentrum Jenas liegt der Botanische Garten der Stadt. Hier können bei jedem Wetter die Natur bestaunt und auf circa 4,5 Hektar Fläche Pflanzen aus aller Welt entdeckt werden.

Am Eingang beginnt ein Rundgang durch die Glashäuser. Zur rechten Hand liegt das Victoriahaus, das in der Mitte mit einem großen Teich aufwartet – an sich bereits ein Ort der Superlative: Riesige Victoria-Seerosen (*Victoria cruziana*) mit großen, runden Blättern, die bis zu zwei Meter Durchmesser aufweisen, scheinen auf dem Wasser zu schweben und gaben dem Haus seinen Namen. Eigentlich will man sich von dem märchenhaften Anblick gar nicht trennen, aber es lohnt sich weiterzugehen. In diesem Gewächshaus leben zwischen April und September außerdem zahlreiche tropische Schmetterlinge, die in bunter Pracht umherflattern.

Im Evolutionshaus wachsen gewaltige Pflanzen aus Urzeiten, die vor allem durch prächtige Farne geprägt waren. Im größten Gewächshaus, dem Tropenhaus, bestaunt man riesige Palmen und Gewächse, deren Blätter größer sind als manch ein Botanikliebhaber selbst. Um die Blattspitzen erspähen zu können, muss man den Kopf weit in den Nacken legen. Weiter geht der Rundgang über das Kalthaus mit mediterranem Klima bis hin ins Sukkulentenhaus mit allerlei großen und kleinen Dickblattgewächsen und Kakteen, die man möglicherweise – in kleinerer Ausgabe – aus dem heimischen Blumentopf kennt.

Auf einer kleinen Verkaufsfläche im Außengarten kann die eine oder andere Pflanzenrarität für den eigenen Urban Jungle oder den Garten mit nach Hause genommen werden. Wer zwischen den Besuchern einen Gärtner entdeckt, kann sich bei Bedarf auf eine versierte Anleitung zur Pflege freuen.

Wer nach so viel Grün ein ruhiges Plätzchen sucht, der sollte im dänischen Café *Holz & Hygge* köstliche Kanelbullar (Zimtschnecken) zum Kaffee kosten. Nebenbei kann hier nordisches Design entdeckt und gekauft werden.

77

Der Strand22
Vor dem Neutor 5/
Paradiespark
07743 Jena
03641 9263637
www.derstrand22.de

PARADIESISCHE AUSZEIT

Beach-Bar *Der Strand22* im »Jena Paradies«

Jena ist Saalestadt, Universitätsstadt, Lichtstadt. Letzteres ist zurückzuführen auf jede Menge wissenschaftlicher Geistesblitze, aber auch auf die wichtigen, hier ansässigen Industrien wie Optik, Lasertechnik und Biotechnologie.

In Sachen Natur hat Jena ebenfalls einiges zu bieten: der Botanische Garten, Schillers Garten sowie der Paradiespark beziehungsweise der Volkspark Oberaue. Diese Grünanlage liegt an der Saale und ist in wenigen Gehminuten von der Stadtmitte aus zu erreichen. Für Jenaer, Jenenser (ja, da gibt es einen Unterschied), für Studierende und Familien ist sie ein gern genutzter Rückzugsort.

Wer vom Frisbee spielen und Sonnenbaden im Park eine Pause braucht oder schlicht ein Ziel für den Wochenendspaziergang, den führt es in die Beach-Bar *Strand22* des Jena-Saale-Paradieses. Der Name ist hier Programm, schließlich stehen zahlreiche Liegestühle auf aufgeschüttetem Sand, in die man sich gerne mit einem erfrischenden Getränk fallen lässt, um auf den Fluss zu schauen. »Herbei mit dem schönen Leben« ist das Motto der Beach Bar – vor einem das sanfte Rauschen des Wassers, die schaukelnden Boote, um einen herum das Grüne – man spürt es! An der Holzbar gibt es Kaffee und kühle Getränke, Alkoholisches sowie kleine Snacks und Kuchen.

Seit über zehn Jahren besteht das Sommerparadies, das auf einer brachliegenden Uferstelle an einem alten Bootsanleger gebaut wurde und deren kleine Bühne hin und wieder eine Plattform für regionale Künstler ist, die Kurzfilme oder Theater zeigt.

Im Paradiespark selbst finden Sie außerdem einen Skatepark und eine Slackline-Anlage, viele überdachte Sitzmöglichkeiten mit Tischen, die gerne für private Geburtstage oder abendliche Treffen genutzt werden, und Sie können Open-Air-Konzerten lauschen.

Probieren Sie im *Strand22* eine kühle Limo aus dem großen Sortiment. Es ist bestimmt ein Geschmack dabei, den Sie noch nicht kennen!

78

Leuchtenburg
Dorfstraße 100
07768 Seitenroda
036424 713300
www.leuchtenburg.de

DIE KÖNIGIN DES SAALETALS
Leuchtenburg

Schon von Weitem begrüßt die Leuchtenburg ihre Gäste, wenn man von Erfurt über Jena zu ihr fährt. Bekannt ist sie heute durch die Porzellanwelten-Ausstellung, die sich ausführlich mit der Herstellung und Geschichte von Porzellangütern beschäftigt. Neben dem größten und dem kleinsten Porzellanobjekt der Welt können in der interaktiven und auch kindgerecht gestalteten Ausstellung traditionelle und moderne Kunstobjekte bestaunt werden.

Wem ein besonderer Wunsch am Herzen liegt, der kann ihn hier auf einen Porzellanteller schreiben und am Ende eines 20 Meter langen Skywalks den Hügel hinabwerfen. Vielleicht erfüllt sich der Wunsch – Scherben sollen ja bekanntlich Glück bringen.

Ein Rundweg führt Besucher, die sich nicht mit der Ausstellung beschäftigen möchten, einmal rund um die Burg und ermöglicht neben der Aussicht ins Saaletal auch eine Auseinandersetzung mit der Vergangenheit der Burg, die eine wechselhafte Geschichte hinter sich hat. Informationstafeln erzählen von der Geschichte. Errichtet im 13. Jahrhundert wurde die Festungsanlage über die Zeit unter anderem als Gefängnis, Heilstätte für psychisch Kranke und Hotel genutzt und war im ersten Drittel des 20. Jahrhunderts eine bedeutende Anlaufstelle der Wandervogelbewegung.

Wanderwege führen von Kahla oder Seitenroda auf die Burg. Einen wunderschönen, grünen Blick auf die mittelalterliche Anlage haben Wanderer vom gegenüberliegenden Hügel aus. Zusammen mit den weidenden Schafen und Ziegen bildet die Festung ein faszinierendes Fotomotiv.

Wer den Innenhof der Leuchtenburg besichtigen möchte, muss das Portemonnaie öffnen. Alles innerhalb der Anlage gehört bereits zum Museumsgelände, ebenso die Burgschänke. Wer Geld sparen möchte, bekommt einen kleinen Eindruck beim Spaziergang um die Außengemäuer.

Kaffee und Snacks gibt es auch außerhalb des Geländes, eintrittsfrei und von freundlichem Personal im Besucherzentrum, das ebenfalls einen guten Ausblick Richtung Harz und Thüringer Wald bietet.

79

Saalfelder Feengrotten
Feengrottenweg 2
07318 Saalfeld
0367155040
www.feengrotten.de

MÄRCHENZAUBER UNTER TAGE

Saalfelder Feengrotten

»Glück auf!«, heißt es beim Eintritt in die niedrigen Gänge der Saalfelder Feengrotten, die vor vielen Hundert Jahren per Hand in den dunklen Stein gehauen wurden. Was heute als faszinierendes Naturschauspiel weit über die Thüringer Landesgrenzen hinaus bekannt ist, war bis zu Beginn des 20. Jahrhunderts ein verzweigtes Stollengefüge, in dem Schiefer zur Salzgewinnung abgebaut wurde. Später diente das Bergwerk dem Abbau bedeutender Mineralien für die Farbherstellung. Seit 1914 können sich Touristen durch die Höhlengänge führen lassen. Als farbenreichste Schaugrotten der Welt hat es dieses Ausflugsziel sogar ins Guinnessbuch der Rekorde geschafft.

Je tiefer man in den Berg eindringt, umso bunter wird es: Blaugrün schimmerndes Gestein wechselt sich mit Brauntönen ab. Dazwischen zeugen tiefschwarze Wände vom früheren Schieferreichtum. In traditioneller Bergmannskleidung vermitteln Guides allerlei wissenswerte Fakten über den Bergbau generell und im Speziellen in Thüringen. Das Highlight am Ende des etwa einstündigen Rundgangs ist das Lichtspiel im Märchendom, der größten Saalfelder Grotte, in der Stalaktiten und Stalagmiten umringt von einem natürlichen Wasserbecken eine geheimnisvolle Landschaft gebildet haben. Durch die Spiegelungen des Wassers wirkt der Raum deutlich größer. Bei emotionaler Musik können die Zuschauer mit ein wenig Fantasie in den Naturgebilden Märchenschlösser, Häuser und Landschaften erkennen.

Das Feenwäldchen voller Spielgelegenheiten und ein Gasthaus mit leckerer thüringischer Küche runden den Familienausflug ab. Für Kinder ist insbesondere auch das *Grottoneum* neben dem Parkplatz interessant. Das kleine Museum bietet mehrere interaktive Möglichkeiten, selbst Tropfsteine oder Salzkristalle zu züchten.

Wer nach dem Besuch noch eine kleine, süße Stärkung braucht, findet einen Pralinen-Werksverkauf der Feengrotten-Confiserie direkt unterhalb der Parkplatz-Ausfahrt.

80

**Oberweißbacher Berg-
und Schwarzatalbahn**
An der Bergbahn 1
98744 Schwarzatal
036705 20134
www.oberweissbacher-
bergbahn.com

BERGAUF IM »CABRIO«

Oberweißbacher Berg- und Schwarzatalbahn

Mitten im Thüringer Schiefergebirge, am Rande der Ortschaft Obstfelderschmiede, liegt eine der für mich außergewöhnlichsten Ausflugsorte Mitteldeutschlands. Die Oberweißbacher Berg- und Schwarzatalbahn schlängelt sich nicht durch das Tal zwischen steilen Hängen, sondern surrt hier auch steil bergauf und verbindet so das Schwarzatal mit dem noch kleineren Örtchen Lichtenhain.

Die Bergbahn überwindet in rund 15 Minuten einen Höhenunterschied von 323 Metern und bildete zu Beginn des 20. Jahrhunderts eine wichtige wirtschaftliche Strecke für die ansässige Porzellanindustrie. Heute ist die Standseilbahn touristisches Ausflugsziel und beliebtes Fotomotiv.

Alle halbe Stunde nimmt einer der beiden Wagen auf seinem Weg hinauf rund 40 Passagiere mit, die auf der Anhöhe angekommen entweder sich auf dem Wasserspielplatz erfrischen oder bei einer deftigen Mahlzeit und einem kühlen Bier den Ausblick über die Thüringischen Wälder genießen können. Echte Bahnfans steigen von hier aus noch um und kommen auf der Flachstrecke der Bergbahn bis nach Cursdorf weiter in den Genuss der historischen Bahnwagen und den charmanten Erklärungen der Zugführer.

Den Berg hinab geht es von Lichtenhain entweder wieder per Bahn oder – und genau das sei an dieser Stelle empfohlen – zu Fuß auf dem sich an den Schmalspurschienen entlangschlängelnden Wanderweg. Hier ist Vorsicht geboten: Der Weg ist steil, aber mit festem Schuhwerk gut machbar.

Figuren und Kunstwerke säumen den Wanderweg und ehren die in der Region lange Zeit beheimatete Porzellanherstellung sowie den aus Oberweißbach stammenden Pädagogen Friedrich Fröbel, der als Erfinder des Kindergartens gilt. Im Fröbelwald können Familien mehr zum Lebensraum Wald und zur Region erfahren. Unterwegs laden Freisitze und Bänke zum Verweilen und Picknicken ein.

Den Rucksack zu Hause packen, sich bergab eine Bank entlang der Strecke suchen und gemütlich selbstgemachte Snacks genießen.

81

Kickelhahn
Startpunkt: Wanderpark-
platz Herzogröderwiese
Waldstraße
98693 Ilmenau

**Ilmenau-Information
im Amtshaus**
Am Markt 1
98693 Ilmenau
03677 600300
www.ilmenau.de

BLICK ZUR FRÄNKISCHEN KRONE
Wanderung auf den Kickelhahn

Auf Goethes Spuren lässt sich in Thüringen nicht nur in Weimar gehen, sondern auch nahe Ilmenau, wenn tüchtige Wanderer den Kickelhahn erklimmen, einen der Ilmenauer Hausberge. Hier hat der deutsche Dichter seine zwei Gedichte *Wandrers Nachtlied* an die Wand eines Häuschens geschrieben und den Berg damit zu einer Attraktion nahe dem Thüringer Wald gemacht. Ganz im Sinne Goethes, »Nur wo du zu Fuß warst, bist du auch wirklich gewesen«, sollte der Kickelhahn daher unbedingt erwandert werden.

Wer den steilen Weg aus der Stadt heraus erklommen hat (gut eine Stunde sollte man dafür einplanen), wird mit einem schönen Ausblick über das südliche Thüringen belohnt. Weitere 24 Meter höher, nämlich von der Aussichtsplattform des gleichnamigen Turms, kann der Blick sogar bis zum Kyffhäuser und der Veste Coburg gleiten. Der Name Kickelhahn leitet sich übrigens vom Auerhahn ab, der einst ein beliebtes Jagdobjekt in den Wäldern rund um Ilmenau war.

Auf dem Weg zum Gipfel des 861 Meter hohen Berges können tapfere Wandersleute gerade im Sommer motivierten Ilmenauer Studenten begegnen. Beim »Bierathlon« gilt es unter den Ilmenauer Hochschülern als erklärtes Ziel, einmal während des Studiums an der TU Ilmenau im Viererteam mit einem Bierkasten im Gepäck den Kickelhahn zu erklimmen. Oben angekommen muss die Bierkiste allerdings komplett geleert sein. Weniger als 30 Minuten sollen geübte Teams für diese Aufgabe benötigen. Daher: Prost.

Wen die Wanderlust gepackt hat, der kann vom Kickelhahn aus weiter dem Goethewanderweg bis nach Stützerbach folgen und unterwegs 17 Stationen in Goethes Leben besuchen. Daneben ist der Kickelhahn im Winter als Langlaufgebiet bei den Thüringern sehr beliebt.

Stärkung brauchen Wanderer den Berg nicht hinaufzuschleppen. Die Gaststätte neben dem Turm versorgt erschöpfte Gipfelstürmer mit leckeren Speisen und Getränken.

82

Rennsteig
Startpunkt: Parkplatz
Rondell
98559 Oberhof

Oberhof-Information
Crawinkler Straße 2
98559 Oberhof
036842 2690
www.oberhof.de

H2Oberhof Wellnessbad
Dr.-Curt-Weidhaas-
Straße 2
98559 Oberhof
036842 2920
www.h2oberhof.de

ÜBER STOCK UND STEIN
Rennsteig

Was steht neben der Bratwurst, dem Weihnachtsbaumschmuck und der Krämerbrücke noch für Thüringen? Richtig, der Rennsteig, dessen Wanderweg sich quer durch das Mittelgebirge in Südthüringen zieht. Vom Mittellauf der Werra bis zum Oberlauf der Saale verläuft der Höhenweg quer über den Kamm des Thüringer Schiefergebirges.

Der Rennsteig bietet für erfahrene Wanderer ebenso attraktive Strecken wie für Anfänger. Durch grüne Wälder, über steile Anstiege und gespickt mit phantastischen Aussichten ist er einer der beliebtesten Wege, um mit sicherem Schuhwerk die Thüringer Natur zu erleben. Im mittleren Abschnitt des fast 170 Kilometer langen Weges liegt die Kleinstadt Oberhof, die vielen vor allem durch den Wintersport bekannt sein sollte. Am Ortsrand passiert der Höhenwanderweg Oberhof, was den beliebten Ferienort zu einem guten Start- und Endpunkt einer Tour macht.

Vom Rondell am Rennsteig und dem direkt daneben liegenden Parkplatz aus können Sie gut gerüstet Ihre Tour starten. Direkt neben der futuristischen Fußgängerbrücke über die Bundesstraße, beginnen verschiedene Routen, die allesamt in Teilen auch den Rennsteig mit einbinden. Für Familien eignet sich beispielsweise eine der Kinderwagen-Touren. Erfahrenen Wanderern sei der Weg über den Rennsteig zum Schneekopf mit knapp 22 Kilometern empfohlen. Die Website der Stadt Oberhof gibt einen guten Überblick über Strecken und Schwierigkeitsgrade.

Zeit für Ruhe und Einsamkeit ist auf den Wanderwegen des Rennsteiges in gleichem Maße gegeben wie es stark frequentierte Abschnitte gibt. Gerade im Sommer sollten Sie an Wochenenden den einen oder anderen Ausflügler treffen, der das Rennsteig-Lied pfeifend oder singend auf den Lippen trägt.

Nach dem Fußmarsch brauchen Sie Entspannung? Im Wellnessbad *H2Oberhof* wartet eine schöne Saunalandschaft ebenso auf erholungsfreudige Besucher wie der Spaßbadbereich auf Familien zum Toben im Wasser.

83

Greifenwarte »Falknerei am Rennsteig«
Liebensteiner Straße 108
99891 Waltershausen OT
Winterstein
036929 80264
www.rennsteigfalknerei.de

Waldgasthaus Ruhlaer Skihütte
Liebensteiner Straße 107
99880 Waltershausen OT
Winterstein
036929 63434
www.ruhlaer-skihuette.de

DER KÖNIG DER LÜFTE

Falknerei am Rennsteig bei Winterstein

Direkt am Rennsteig gelegen, erwartet dieses schöne Ausflugsziel mitten im Thüringer Wald neugierige Eltern und staunende Kinder, wenn die Greifvögel der Falknerei ihre großen Schwingen ausbreiten und während einer Flugshow über das Publikum hinwegsausen. Ob Eulen, Falken oder Adler; ob groß oder klein; die beeindruckenden Vögel lassen Kinderaugen strahlen und begeistern zudem Eltern und Großeltern. Das Gelände der Falknerei ist zwar nicht riesig, doch zwei Stunden vergehen hier wie im Flug. Der Familienbetrieb nimmt sich nicht nur während der Flugshows Zeit für die Besucher, sondern ist darüber hinaus immer ansprechbar und erläutert viel Wissenswertes über ihre Tiere.

Haben Sie mit Ihrem jüngeren Nachwuchs den Weg an den Waldrand bei Winterstein gefunden, können Sie sich zudem auf einen echten TV-Star freuen: Der sibirische Uhu namens Bubu ist vielen Kindern sicher aus der täglichen TV-Sendung *KiKA-Baumhaus* bekannt und wohnt, wenn er nicht gerade im Fernsehstudio in Erfurt zu Gast ist, ebenfalls in der Falknerei im Thüringer Wald. Wann kommt man einem solchen Fernsehliebling schon mal so nahe?

Wem ein Besuch der Anlage nicht reicht, der kann dort (mit Anmeldung vorab) auch einen Junior-Falknerschein machen und lernen, was zu den Aufgaben eines Falkners gehört. Ein besonderes Abenteuer für Kindergeburtstage und ähnliche Anlässe.

Seit 2014 steht die privat betriebene Falknerei auch auf der nationalen Liste des immateriellen Kulturerbes. Nach einem Nachmittag unter den hohen Fichten weiß man, warum es sich lohnt, diesen Ort zu schützen und zu bewahren. Der Besuch kann gut mit einer Wanderung, einem Ausflug auf den Inselsberg oder einer Stippvisite nach Eisenach verbunden werden.

Rastmöglichkeiten sind direkt vor Ort gegeben. Einem Picknick steht also nichts im Wege. In der *Skihütte* in direkter Nachbarschaft erwartet Ausflügler aber ebenso gutbürgerliche Küche.

84

Wartburg
Auf der Wartburg 1
99817 Eisenach
03691 2500
www.wartburg.de

GOETHE, WAGNER UND LUTHER
Wartburg

Wahrlich grün durchzieht der Thüringer Wald das Bundesland. Aus der satt leuchtenden Natur weit sichtbar sticht die Wartburg heraus, jene Festung, über die Sagen und Mythen erzählt werden und die eine der wichtigsten touristischen Attraktionen im Freistaat ist. Hier übersetzte Martin Luther die Bibel in die deutsche Sprache, auf dem Wartburgfest 1817 wurden Gedanken und Forderungen für einen vereinten Nationalstaat laut und Goethe wie Wagner inspirierte die Wartburg zu zentralen Werken ihres Schaffens.

Wer zu Fuß den Aufstieg hinauf über den Luther-Erlebnispfad absolviert hat, erfährt bereits unterwegs dank der Hinweistafeln vieles über die Burg und den Reformator. Oben angekommen begrüßt die markante Hängebrücke die Reisenden – die perfekte Position, um die Burg von ihrer schönsten Seite aus zu fotografieren. Von hier aus hat man nicht nur einen Blick in die Natur, Grünes und Blühendes findet sich zudem in den reich bepflanzten Innenhöfen, die zum Schlendern in der Kulturstätte einladen. Während die Anlage selbst frei zugänglich ist, kostet der Gang durch die Gebäude Eintritt. Hier kann neben der Lutherstube in der Vogtei insbesondere auch die umfangreiche Kunstsammlung mit Werken aus acht Jahrhunderten bestaunt werden. Beeindruckend dabei sind der perfekt restaurierte Zustand der Gebäude und die Wehrgänge, die das Mittelalter wieder aufleben und die Begeisterung deutscher Kunstschaffender für diesen Ort nachvollziehen lässt.

Als Teil der Welterberegion Wartburg-Hainich bildet die Wartburg so etwas wie das Tor zum größten zusammenhängenden Buchenwaldgebiet Europas. Nirgendwo sonst liegen zwei Welterbestätten so nah beieinander. Ausflügler sollten den Besuch mit einer kleinen Wanderung oder Radtour durch die Hainich-Wälder verbinden. Entsprechende Wege sind zahlreich ausgeschildert.

Kinder können den steilen Anstieg zur Burg statt zu Fuß auch auf dem Rücken eines der bekannten Wartburg-Esel absolvieren. Nach Ostern bis in den Herbst stehen die Tiere nahe dem zentralen Parkplatz bereit.

85

Drachenschlucht
Startpunkt für Wanderung:
Parkplatz und Haltestelle
Mariental an der B19
99817 Eisenach

**Tourist-Information
Eisenach**
Markt 24
99817 Eisenach
03691 79230
www.eisenach.info

Zur Hohen Sonne
an der B19
99817 Eisenach
03691 732903

WILDE NATUR ERWANDERN
Die Drachenschlucht

Nach dem Besuch auf der Wartburg ist die nahe gelegene Drachenschlucht ein guter Ausgleich für Naturliebhaber, die neben Kultur noch etwas Bewegung suchen. Der Rundweg durch die Drachenschlucht führt bis zum Imbiss Zur Hohen Sonne und anschließend durch die Landgrafenschlucht. Rund drei Stunden ist man auf der Strecke unterwegs, dabei müssen rund zehn Kilometer absolviert werden. Belohnt werden Wanderer mit einer romantischen Strecke durch die Ausläufer des Thüringer Waldes und des Rennsteiges.

Sagenumwoben bietet die Drachenschlucht ein interessantes Naturschauspiel, wenn sich der kleine Bach direkt unter den Planken und Gittern des Wandersteg entlangschlängelt. Wie viele Millionen Jahre das Wasser gebraucht haben muss, um sich den Weg durch die immer höher steigenden Felsen zu graben, lässt sich nur erahnen. Angst vor Enge sollte hier niemand haben, denn die Felsen rücken teilweise schulterbreit zusammen. Voll von feucht glänzendem Moos wachsen die Gesteinsformationen weit über die Köpfe der Wanderer, die sich immer wieder eng aneinander vorbeiquetschen müssen, empor. Gerade für Fotografen bietet die Drachenschlucht mit der Mischung aus Wasser, Pflanzen und Gestein interessante Motive.

Für Familien ist die Drachenschlucht ein spannender Ausflugsort, gibt es doch viel Natur zu entdecken. Für Kinderwagen ist der Weg allerdings nicht geeignet. Wer die Rundwanderung durch die beiden Schluchten sicher absolvieren möchte, sollte unter anderem auf festes Schuhwerk achten. Für eine entspannte Tour bieten sich insbesondere die Werktage an, da die Drachenschlucht gerade an Wochenenden stark besucht ist.

Neben der Wartburg ist zudem das nahe gelegene Eisenach einen Besuch wert, um Kultur und Geschichte des Freistaats Thüringen zu ergründen.

Unterwegs bietet der Imbiss *Zur Hohen Sonne* eine typisch Thüringer Stärkung in Form von Bratwurst und Brätel. Ob mit Senf oder Ketchup gilt auch hier nahezu als Glaubensfrage.

86

**Baumkronenpfad im
Nationalpark Hainich**
Thiemsburg 1
99947 Schönstedt
03603 825843
www.baumkronen-pfad.de

**Hainichbaude am
Nationalpark Hainich**
Am Craulaer Kreuz
99820 Hörselberg-Hainich
OT Craula
0173 9843806
www.hainichbaude.de

VON WIPFELN UND KRONEN
Baumkronenpfad im Nationalpark Hainich

Auf Augenhöhe mit Specht, Fledermaus, Falter und anderen Waldbewohnern befindet man sich auf dem Baumkronenpfad im Nationalpark Hainich. Der Baumkronenpfad des UNESCO-Weltnaturerbes verspricht Erleben und Lernen auf mehreren Etagen und ist dabei besonders familienfreundlich, denn der Pfad ist barrierefrei: Mithilfe eines Fahrstuhls gelangen beispielsweise Familien mit Kinderwagen und Rollstuhlfahrer auf die erste Ebene zum Startpunkt. Der Weg zwischen den Bäumen ist breit genug, um ihn bequem zu erkunden. So kommt man sich selten mit anderen Besuchern ins Gehege und hat Platz, die Welt in luftiger Höhe zu entdecken. Spielerisch nebenbei lernen auch die kleinsten Waldwichtel und -elfen Neues über die Bäume und deren Bewohner und selbst ihre Begleiter geraten über den ein oder anderen Fakt ins Staunen: Wussten Sie beispielsweise, dass im Hainich eine Wildkatze beheimatet ist? Allerhand Schautafeln und Zeichnungen erläutern Wissenswertes rund um Pflanzen, Tiere und das Ökosystem. Mehr zu sehen gibt es im Nationalparkzentrum und in der interaktiven Wurzelhöhle. Dort steigt man aus luftiger Höhe wieder auf beziehungsweise unter den Boden und lernt die Welt von Maulwürfen und Regenwürmern kennen – wichtige Bewohner für den Lebensraum Wald.

Der Baumkronenpfad besticht nicht nur bei Sonnenschein im Frühling mit frischem, saftigem Grün der Blätter, sondern beispielsweise auch im Herbst, wenn jeder Baum stolz eine andere Farbnuance trägt. Von verschiedenen Plattformen und schlussendlich vom 44 Meter hohen Aussichtsturm kann man den Blick über die imposante Weite des Hainichs und des Thüringer Beckens schweifen lassen und eben eine dieser Farben genießen.

Übrigens: Zwischen den einzelnen Ebenen des Pfades lassen kleine Treppen und Netze eine sportliche Abkürzung für Mutige zu – trauen Sie sich?

Ein richtiger Geheimtipp zum Einkehren nach einer Hainich-Tour ist die *Hainichbaude* in Craula. Eine urige Hütte, die köstliche Speisen anbietet. Kosten Sie den Kaiserschmarrn!

87

**Arboretum
Bad Langensalza**
Tuchmachergasse 5
99947 Bad Langensalza

Schwesterherz
Mühlhäuser Straße 2
99947 Bad Langensalza
03603 3989345
www.cafe-schwesterherz.
jimdofree.com

EIN GARTEN VOLLER BÄUME
Arboretum Bad Langensalza

Ein Arboretum bezeichnet eine Sammlung verschiedener Bäume und Gehölze, sozusagen ein Garten, der die unterschiedlichsten Bäume beherbergt. Eine besonders schöne Anlage findet sich in Bad Langensalza. Sie erreichen das Arboretum am besten zu Fuß bergauf über die Holzgasse, die aufgrund der detailverliebten, bewachsenen Hauseingänge der Bewohner schon Lust auf mehr Grün macht.

An der Gottesackerkirche rechts vorbei treten Sie in das Arboretum ein und fühlen sich wie in einem Märchenwald. Baum an Baum reiht sich aneinander, in den Beeten darunter blühen die ganze Saison über die Blumen um die Wette: von den ersten Krokusblüten bis hin zur Tigerlilie im Sommer. Gegenüber erhebt sich ein hoher Mauerturm in den Himmel.

Um die 200 verschiedenen Gehölze von 23 unterschiedlichen Pflanzenfamilien – wie Zypressen-, Ginkgo- oder Kieferngewächse – haben im Arboretum Platz. Platane, Lärche, Scheinakazie folgen auf Eibe, Ahorn und Rosskastanie. Jeder der grünen Riesen hat hier sein Zuhause gefunden. Handflächengroße, hellgrüne Blätter hängen neben dunkelgrünen, kleinen Nadeln; eifrig wachsen Äste in den Himmel oder hängen sanft bis zum Boden herab. Kleine Schilder verraten Neugierigen die Namen und Gattungen der einzelnen Exemplare, sorgen für ein bestätigendes »Sag ich doch!« oder ein erstauntes »Aha!« – schnell entwickelt sich in einer mehrköpfigen Besuchergruppe ein loses Rätselraten über die Baumart, die vor einem steht.

Nicht nur über verschiedene Baumarten, sondern auch über die Stadtgeschichte Bad Langensalzas lässt sich einiges im Arboretum lernen. So finden sich hier zum Beispiel das Hannoveraner Denkmal in Erinnerung an die Schlacht bei Langensalza im Jahr 1866 sowie die eingangs erwähnte Gottesackerkirche, die heutzutage vor allem als Konzertkirche genutzt wird.

Den besten Kuchen der Stadt für eine Kaffeepause im Anschluss gibt's im liebevoll eingerichteten Café *Schwesterherz*.

88

Thüringer Apotheken-museum im »Haus Rosenthal«
Bergstraße 15a
99947 Bad Langensalza
03603 8945896 (Kasse)

Restaurant Ratswaage
Mühlhäuser Straße 40
99947 Bad Langensalza
03603 8955310
www.ratswaage-langensalza.
eatbu.com

DIE DOSIS MACHT DAS GIFT
Apothekengarten des Thüringer Apothekenmuseums

Über einen schmalen Steg, um die Salza zu überqueren, erreicht man als Besucher das Haus Rosenthal, in dem sich das Thüringer Apothekenmuseum und angrenzend der Apothekergarten befindet. Das Fachwerkhaus beherbergt seit 2014 das Museum.

In verschiedenen Räumen finden sich spannende Exponate, die zum großen Teil aus dem Besitz der Apothekerfamilie Dörries aus dem hessischen Eschwege stammen. Zu Ausstellungszwecken schenkte die Familie der Stadt Bad Langensalza ihre Sammlung. Ergänzt wird diese durch Leihgaben und Schenkungen von ehemaligen Apothekern und Privatpersonen, sodass die Besucher Exponate vom 16. bis zum 20. Jahrhundert bestaunen können.

Das Museum zeigt in acht hergerichteten Räumen Werkzeuge und Hilfsmittel aus dem Berufsalltag von Apothekern, Verpackungen von Medikamenten, Einrichtung und Möbel aus Apotheken, das Büro und die Verwaltungsarbeit sowie getrocknete und erhaltene Natur- und Wirkstoffe und deren Aufbewahrungen. Im ausgestellten pharmazeutischen Laboratorium stehen Glasgefäße, Arbeitsgeräte und Zubehör, das den Besucher vielleicht an den eigenen Chemieunterricht erinnert. Zwischendurch informieren Tafeln über die Geschichte der Pharmazie und die der stiftenden Familie Dörries.

Schon von innen ist der Apothekergarten durch die Fenster einsehbar, den man am Ende des Rundgangs durch das Museum über den hölzernen Balkon erreicht. Von oben bietet sich eine gute Übersicht über den Garten, bevor einen die Treppe nach unten führt. Aus dem Apothekergarten sieht man auf die imposante Rückseite des Fachwerkgebäudes, das fast die ganze Breite der Fläche einnimmt. Hier im Grünen wachsen über 80 verschiedene Heilkräuter. Einige sind vielleicht aus dem eigenen Garten bekannt, sie eignen sich gut für Tees und Aufgüsse.

Leckere, gutbürgerliche Küche können Sie im Restaurant Ratswaage genießen.

89

Rosengarten und Rosenmuseum
Vor dem Klagetor 3
99947 Bad Langensalza

Touristinformation Bad Langensalza
Bei der Marktkirche 11
99947 Bad Langensalza
03603 834424
www.badlangensalza.de

EIN DUFT SUCHT SEINESGLEICHEN

Rosengarten

Bad Langensalza trägt seit 2002 den Beinamen und das Prädikat der »Rosenstadt«, ein Besuch im dazugehörigen Garten ist deshalb schon fast eine Pflicht. Zunächst erwartet man nicht, dass der Rosengarten, der behutsam von den benachbarten Grundstücken gesäumt wird, mit einer Größe von 18.000 Quadratmetern, unzähligen Beeten und Wasserspielen aufwartet. Hinter dem Eingangsgebäude, in dem sich auch das Rosenmuseum der Anlage befindet, geht es auf bekiesten Wegen los; hinein in einen Aufenthalt, der von süßem Duft und einem großartigen Farbspektrum begleitet wird.

Fast 450 verschiedene Rosensorten können bestaunt werden: Stauden, Bodendecker und Beetrosen reihen sich ein; die Namen reichen von *Laetitia Casta* bis *Roter Drache*. Aufmerksame Bewunderer entdecken einen Bezug zur Thüringer Hauptstadt, wenn es auf den bezeichnenden Schildern heißt *Dreienbrunnen* oder *iga Erfurt*. Beide Sorten wurden von Gärtnermeister Walter Berger gezüchtet, der sich zusammen mit seiner Frau Anni ganz der Rosenzüchtung widmete. Von 1954 bis 1989 war die Stadt ein wichtiges Rosenzuchtzentrum der ehemaligen DDR.

Zwischen den edlen Rosen finden sich allerlei andere Blüten, die für bunte Bepflanzung in jeder Saison sorgen. Bänke laden zu kleinen Pausen ein, gut beschattet von imposantem Blauregen, der über die Köpfe hinweg rankt. Von hier aus haben Sie einen schönen Blick auf die Fontäne des Teichs, die die Pflanzenliebhaber bereits von den Pforten des Parks an mit einem atmosphärischen Plätschern begleitet. Die neugierig an der Wasseroberfläche schnappenden Kois erinnern an den in der Nachbarschaft liegenden Japanischen Garten, dessen Besuch sich gut mit einem Aufenthalt im Rosengarten verbinden lässt.

Am Ende des Gartens finden Sie das detailreich verzierte Rosencafé. Von hier aus haben Sie eine tolle Aussicht über das Areal.

90

Kyffhäuser-Denkmal
von Weimar aus der
B85 Richtung Kelbra folgen
06567 Steinthaleben
034651 2780
www.kyffhaeuser-
denkmal.de

Kirschcafé Tilleda
Ernst-Thälmann-Straße 2
06537 Tilleda
034651 90285

EINE BEGEGNUNG MIT BARBAROSSA

Kyffhäuser-Denkmal

Inmitten des Kyffhäuser-Mittelgebirges ragt ein Turm aus rot leuchtendem Naturstein aus den dichten Wäldern hervor und lockt damit zahlreiche Besucher an. Bereits aus der Ferne lässt sich das Ausmaß des Kyffhäuser-Denkmals bereits erahnen, welches zu Ehren von Kaiser Wilhelm I. Ende des 19. Jahrhunderts errichtet wurde.

Die Anlage fußt auf den Grundmauern der alten Burganlage Kyffhausen, deren Grundstein im 12. Jahrhundert gelegt wurde. Bedeutende Teile der Sehenswürdigkeit sind heute noch rund um das Denkmal zu finden. Mit 176 Metern ist der Burgbrunnen der weltweit tiefste seiner Art. Daneben lassen sich heute noch Mauern, Bergfried und weite Teile der Toranlage auf dem Gelände finden. Den Bogen zu Barbarossa als zweiten Namensgeber des Denkmals spannt der Umstand, dass unter diesem die Burganlage vollendet worden sein soll. Sein Antlitz ziert heute eine kolossale Figur am Fuße des Turms. Seine Raben leisten ihm noch immer die Treue. Über ihm thront das Reiterstandbild von Kaiser Wilhelm I., der symbolisch auch als Nachfolger Barbarossas durch die Reichseinigung 1871 gilt.

Schwindelfrei sollte sein, wer den Ausblick bis in den Thüringer Wald oder bis zum Brocken von der verglasten Turmkuppel genießen möchte. Doch zuvor muss sich die Sicht auf das grüne Thüringen verdient werden, 247 Stufen führen nach oben. Dass hier dem Kaiser gedacht werden soll, bildet sich auch in der Architektur des Turms ab: Die Gestaltung der Spitze ist angelehnt an die kaiserliche Krone.

Rund um das Denkmal schlängeln sich zahlreiche Wanderwege durch das kleinste Mittelgebirge Deutschlands. Der Parkplatz unterhalb der Anlage ist damit der ideale Startpunkt, um die Besichtigung des Denkmals mit einer Tour durch die grünen Landschaften zu verbinden.

Unterhalb des Kyffhäuser kann in der kleinen Ortschaft Tilleda im Kirschcafé hausgemachter Kuchen ebenso genossen werden wie gutbürgerliche Küche.

KRIMIS AUS DER REGION

Köstering,
Titel
978-3-8392-1045-1

Köstering,
Goetheglut
978-3-8392-1181-6

Köstering,
Titel
978-3-8392-1330-8

Köstering,
Titel
978-3-8392-2398-7

Kronenberg,
Tod am Bauhaus
978-3-8392-2399-4

Schulz,
**Nenn es
Schicksal**
978-3-8392-2326-0

GMEINER SPANNUNG

WWW.GMEINER-VERLAG.D

Wir machen's spannen